# TRUMP, TAMALES Y LA FAMILIA AMERICANA

## MARGARET DONNELLY

outskirts press

Use Your QR App
To Learn More Today

## Otros libros por Margaret Donnelly

The Spirits of Venezuela
*Los espíritus de Venezuela*
The Song of the Goldencocks
*El canto de los gallos de oro*
**(Trafford Publishing)**

The Path of Lord Jaguar
*El camino del señor Jaguar*
Bolívar's Heart
**(AuthorHouse Publishing)**

El corazón de Bolívar
**(Editorial Sello Grulla)**

Trump, Tamales and the American Family
**(Outskirts Press)**

# Reconocimientos

No puedo agradecer lo suficiente a mi familia directa y a mi familia extensa que hayan apoyado mi idea de escribir este libro, especialmente a mi madre Inés, mis hijos, John y Verónica, y a mi equipo profesional, Martina Robles y todo el personal de mi bufete. Quiero agradecer especialmente a Kimbriel Dean sus aportaciones, artículos y fecundas investigaciones sobre un tema tan complejo como este, a mis colaboradores artísticos, John Bush y Román Trujillo, por el magnífico boceto de mi padre, Bill Donnelly, y a María del Cristo Cruz Reyes, quien tradujo este libro al español.

*A la memoria de Walter William (Bill) Donnelly (1918-1972),
sargento del Ejército en la Segunda Guerra Mundial (retirado con
honores en enero de 1946)*

**Oración a las madres (Iyami)**

Ayúdenme a ser sincera,
A usar vuestro poder al servicio de un dios superior.
Ayúdenme a crecer, Madres Superiores,
A llegar a ser mejor,
A alcanzar todo lo que puedo alcanzar,
A enseñar y guiar en las comunidades de las que formo parte.
Permítanme educar a la humanidad como a mis hijos.
Enséñenme el camino,
Déjenme crecer al abrazarlo,
Déjenme compartir su belleza con los que me rodean.
Dejen que bendiga mi vida.
Pido todo esto con amor y respeto.
*Ase, ase, ase.*

*Iyanifa Vassa Neimark*
*IFA Foundation International, Florida.*

# Tabla de Contenido

# Capítulo 1



CUANDO DONALD J. Trump publicó *El arte de la negociación* (*The Art of the Deal*) hace tres décadas, alentó a los que poseían buenas aptitudes, pero carecían del coraje o la buena fortuna para descubrir su auténtico potencial. Dijo que él mismo quería construir algo grande que requeriría un gran esfuerzo. La palabra que utilizó fue «monumental». Como promotor, Trump lo tenía todo –instinto, formación y resistencia– para decidir afrontar un enorme reto. Al final se convirtió en el presidente número 45 de los Estados Unidos. Misión cumplida. Su programa consistía en «devolver a América su grandeza».

Los Estados Unidos de América han sido siempre una nación de pioneros, constructores, trabajadores tenaces, inventores y luchadores –en ocasiones a regañadientes y aún así dispuestos a hacer su trabajo cuando era necesario. Mi padre, Walter William (Bill) Donnelly, nacido en Illinois y criado en Texas, formó parte de otro intento para «devolver la grandeza a América» cuando se alistó en el Ejército de los Estados Unidos destacado en el Pacífico durante la Segunda Guerra Mundial. Decir que se «alistó» es una manera de decir que estaba comprometido en la batalla contra Japón cuando lo reclutaron. Era un hombre de palabra.

Al final, la experiencia bélica le dio a Bill Donnelly una perspectiva comprensiva con la que poder evitar otra guerra mundial. Aunque no era un hombre religioso, personificaba el cambio que quería ver en el mundo. Fuera lo que fuera –bien los ataques nucleares sobre Hiroshima y Nagasaki o la ocupación de Tokio– estos hechos lo enseñaron a vivir en un mundo unificado en el que todas las partes estaban interrelacionadas. No se veía a sí mismo desligado de esta serie de acontecimientos porque la visión de niños japoneses, heridos y hambrientos lo afectó profundamente. Al fin y al cabo, aquellos niños podrían haber sido los suyos. Así que, aunque Japón se hallaba en el otro lado del mundo, a pesar de que los soldados japoneses habían estado a punto de matarlo, comprendió que todas las identidades se fundían en una sola. El efecto transformador de cada uno de sus retos en tiempos de guerra lo hizo cambiar de simple soldado a soldado civil con el deseo de cambiar el mundo.

No imaginaba que pasaría a formar parte de la *Gran Generación (Greatest Generation)*, como se denominó a los que lucharon en la Segunda Guerra Mundial o a los que, con su trabajo, ayudaron a los Aliados a ganar la contienda. Mi padre, un joven trabajador petrolero del oeste de Texas, era listo aunque inexperto, como muchos soldados de su época. No tenía idea de lo que encontraría bajo el mando del general Douglas MacArthur. Comparado con el imperio japonés, el ejército de Hitler parecía un hormiguero. La espantosa oleada aniquiladora japonesa que barrió más de un millón de millas cuadradas del área del Pacífico amenazó dos bastiones de los Estados Unidos: Australia y Hawái. El general MacArthur eligió la región de Papúa Nueva Guinea –la segunda mayor isla del planeta situada a 300 millas al norte de Australia– como plataforma de lanzamiento contra los japoneses.

Mi padre desembarcó en Papúa en 1943. Echaba de menos la comida texana, que incluía los tamales mexicanos, pero lo que aprendió de los papúes sobre las consecuencias y los beneficios de nuestros actos tuvo un gran impacto en su futuro. Esos aspectos eran parte de sus relatos de posguerra, sobre todo sus historias sobre la búsqueda de comida. Como sargento encargado de los suministros, utilizaba las mejores tácticas para encontrar comida local para las tropas cuando los procedimientos habituales del ejército no daban frutos.

Ayudado por los indígenas, recorrió el campo de la región de Papúa en busca de comida. Los papúes detestaban la brutalidad de los japoneses, así que ellos y mi padre se hicieron buenos amigos. Aquellos viajes eran extremadamente peligrosos; una selva con muchas precipitaciones plagada de pájaros, insectos, serpientes, jabalís, cocodrilos, etcétera engullía los caminos. La selva los vigilaba como una madre amenazadora. No obstante, Bill Donnelly aprendió a convivir con el zumbido de los insectos que atacaban con insistencia durante la noche. Aprendió a vivir con la lluvia permanente. Respetaba a sus guías, que eran excelentes rastreadores. Ellos le enseñaron lecciones de gran valor que, después de la guerra, pondría en práctica en Latinoamérica.

De hecho, fue durante estos viajes en busca de comida cuando mi padre empezó a sentir afecto por la gente de Nueva Guinea. Como dirían algunos veteranos de la II Guerra Mundial, «empezó a volverse asiático», porque mi padre se refería a los papúes como «los mejores aliados que tuvimos», mientras que nunca dejó de sentirse norteamericano. Aprendió que la cultura de la escasez a menudo conduce a la muerte. Los japoneses se convirtieron en el claro ejemplo de un mundo partido en dos. Los papúes lo educaron en la amistad y la supervivencia a pesar de que 15.000 de los suyos murieron. Mi padre me transmitió estas lecciones mientras aprendía lo que era ser venezolana y norteamericana y vivir en los Estados Unidos. Me enseñó lo que era la amistad, la lealtad y la resistencia.

De modo que cuando leí la autobiografía de William Manchester, *Adiós, tinieblas* (*Goodbye, Darkness*) tras la muerte de mi padre en 1972, no pude evitar recordar sus propias historias sobre el Pacífico y sus años de juventud. Nunca participó de mala gana en lo que acometió. Nacido en 1918, Bill Donnelly tenía once años cuando perdió a su padre. Ese suceso lo fortaleció. Incluso en los años de la Gran Depresión desarrolló una resistencia conmovedora que lo convirtió en un Moisés para aquellos con los que se relacionó, sobre todo, las tropas para las que sirvió, los papúes con los que entabló amistad, la familia que construyó y los venezolanos a los que empoderó.

Cuando Bill Donnelly llegó a Texas en 1946, llevando consigo dos kimonos que entregó a su madre para que los guardara, se unió a otro proyecto motivador. En esta ocasión no era un plan militar sino civil. No era en los Estados Unidos, era en el extranjero, en el este de Venezuela. Su experiencia en la guerra como sargento de suministros lo dotó de habilidades prácticas para el trabajo, habilidades que utilizó como directivo de nivel intermedio en una filial de la Gulf Oil Corporation. La Gulf Oil crecía en todo el mundo aprovechando sus reservas en el exterior, especialmente las de Venezuela, para atender la demanda extranjera, protegiendo así los depósitos de petróleo de Estados Unidos que, a causa de la guerra, eran alarmantemente escasos.

Se convirtió en el norteamericano prototípico que compartió sus 17 años de experiencia en el medio empresarial con cientos de venezolanos y otros sudamericanos. Su fuerza interior provenía de las pruebas que había tenido que superar. Comprendía las dolorosas consecuencias de la agresión y de la exclusión económica, racial y social impuesta por la geografía, por el dominio militar y político y por las lenguas y religiones.

Mi padre sabía mucho de historia y, mucho más, de alimentos: por ejemplo, que en las Américas habíamos cocinado, comido y comerciado con tamales durante miles de años, antes de que Cristóbal Colón desembarcara en América. Conocía la estrecha relación de los Estados Unidos con México y a menudo recordaba a su familia que los mexicanos, por medio del Programa Bracero[1], habían contribuido al esfuerzo bélico tanto como él. «Mi familia tenía comida en la mesa gracias a los trabajadores mexicanos», repitió con frecuencia

---

1   El Acuerdo de Trabajo para Granjeros Mexicanos permitió la entrada a Estados Unidos de trabajadores agrícolas a partir del 2 de agosto de 1942. El Programa Bracero se amplió en varias leyes hasta 1964.

a lo largo de los años. Y añadía, «muchos de nosotros en los Estados Unidos creemos que el maíz es un cultivo nativo de nuestro país pero, en realidad, procede de la Gente del Maíz de México».

De hecho, gracias a su gran amor por la comida pudo compartir su propia cultura mientras vivió en Venezuela. Sabía cuáles serían las consecuencias negativas si él y su familia (mi hermana y yo, nuestra madre venezolana y su familia) se distanciaba de los antepasados *comunes*. Estaba muy familiarizado con el efecto divisor de ciertas actitudes, así que quería cultivar las relaciones por medio de la comida y celebraciones culturales como Acción de Gracias y el árbol de Navidad. Entre sus citas favoritas estaba la de Benjamin Franklin que decía: «La puerta al templo de la sabiduría es el reconocimiento de nuestra propia ignorancia».

De modo que celebraba Acción de Gracias aunque el pavo, plato central de la cena de ese día en Norteamérica, no fuera un animal originario de Venezuela. Usaba sus aptitudes para escarbar en busca de productos importados como los pavos norteamericanos y los árboles de Navidad. Si no encontraba un pavo, utilizaba un pollo local. Si no podía celebrar Acción de Gracias, esperaba por la Navidad. Cuando no conseguía un árbol de Navidad, y ya que era católico, montaba un belén y lo rodeaba con unas cuantas plantas en macetas decoradas. Siempre que podía hacía una barbacoa texana. En Navidad, también comía *hallacas*, versión venezolana de los tamales.

A Bill Donnelly le encantaban las hallacas, el plato que unía a la comunidad venezolana, sobre todo en Navidad. Las raíces mexicanas de la hallaca son fácilmente reconocibles. El guiso se elabora con ternera (en ocasiones con cerdo), cebollas, pasas y otros ingredientes, dependiendo de la región; todo ello se pone sobre una masa de maíz y se envuelve en hojas de maíz o plátanos. Tanto las hallacas como los tamales se han preparado siempre en familia, en un proceso muy trabajoso.

Según algunos historiadores, el tamal se importó desde Veracruz a Venezuela durante la época de la colonización española. La ciudad de Veracruz fue fundada por Hernán Cortés en 1519 y más tarde sirvió como puerto de exportaciones durante la colonización de Venezuela. Plato precolombino de origen mesoamericano[2], el tamal estrechaba los vínculos entre la familia directa y la familia extensa que compartían muchas horas preparando esta comida. En muchas regiones, especialmente aquellas habitadas por las civilizaciones aztecas, olmecas, toltecas y mayas, los tamales eran ofrendas a gobernantes y dioses, como el dios Jaguar, conocido por atravesar fronteras, como se menciona en mi novela *El camino del Señor Jaguar*[3].

La propagación por las Américas de los tamales como alimento popular y político de importancia demuestra la relación entre muchas regiones de las Américas desde un temprano periodo comprendido entre los años 8000 y 5000 a. C. Los europeos se adueñaron de las Américas a pesar del intenso intercambio entre naciones indígenas, en particular, nuestra relación colectiva con la comida: así maíz, tomates, aguacates, calabacines, cacao, pavos, arándanos y papas se cultivaban y se intercambiaban miles de años antes de que Inglaterra, Portugal y España ni siquiera existieran. Algunos historiadores han datado la existencia de tamales mucho antes del comienzo de la Edad de Bronce europea en Grecia. «Así somos de antiguos los pueblos de las Américas… y nuestra comida», como decía mi padre a menudo. Sin embargo, a pesar de su contribución a Venezuela, lo obligaron a marcharse. Para cuando regresó a Estados Unidos, Venezuela ya se había convertido en un potente productor de petróleo y miembro fundador de la Organización de Países Exportadores de Petróleo (OPEP). A día de hoy, la OPEP representa el 44 % de la producción de petróleo mundial y el 82 % de las reservas probadas a escala mundial.

Como norteamericano tuvo que enfrentarse a ataques terroristas contra empresas norteamericanas y sus empleados, perpetrados por

---

2    Región que comprende la mitad meridional de México, y territorios de Belice, Guatemala, El Salvador, Honduras, Nicaragua y el norte de Costa Rica.

3    Donnelly, M. (2019). *El camino del Señor Jaguar*. AuthorHouse.

radicales venezolanos y orquestados por la Cuba comunista y la derecha de la República Dominicana. Las tácticas incluían bombas y amenazas que acusaban a mi padre y a otros norteamericanos de ser agentes imperialistas que robaban empleo y recursos a los venezolanos.

Como norteamericano de descendencia irlandesa, comprendía a los venezolanos radicales. No estaba de acuerdo con ellos, pero los comprendía. Estaba muy familiarizado con «la cultura de la escasez», como solía llamarlo. No querían extranjeros en su país. Solo por esta razón, mi padre se sentía tremendamente orgulloso del logro de J.F. Kennedy de convertirse en el presidente número 35 de los Estados Unidos. Kennedy fue el primer presidente de los Estados Unidos irlandés-norteamericano y católico (1960-1963). Convencido de que Kennedy compartía sus mismas opiniones, mi padre solía hablarme de los carteles de los escaparates en ciudades como Boston y Filadelfia que, a finales del siglo XIX y principios del XX, rezaban: «Prohibida la entrada a perros e irlandeses». Sabía qué significaba ser tratado como un extraño en su propio país, igual que los afroamericanos y nativos americanos que sufrieron el impacto devastador de las leyes Jim Crow[4], hasta que en 1965 dichas leyes comenzaron a desaparecer.

Mi padre regresó a Estados Unidos en 1963; llevaba con él a mi madre, Inés, a mi hermana Connie y a mí. Él y mi hermana llegaron primero y, por una maldita casualidad, el 22 de noviembre de aquel año se encontraban en el centro de Dallas (Texas) listos para presenciar en primera fila el paso del descapotable del presidente Kennedy pocos minutos antes de que lo asesinaran.

---

4   Las leyes Jim Crow institucionalizaron la segregación económica, educativa, política y social de la gente de color en el Sur de Estados Unidos.

# Capítulo 2

*El cambio es ley de vida. Cualquiera que mire solamente*
*al pasado o al presente, se perderá el futuro*
JOHN F. KENNEDY

UN HECHO CRUCIAL para entender la visión del mundo de Bill Donnelly es que los radicales venezolanos que lo expulsaron del país no se consideraban miembros voluntarios de una región o de un pueblo (de las Américas). Reaccionaban contra la globalización que se estaba produciendo, convencidos de que no había recursos suficientes para compartir y que los políticos locales estaban vendiendo su lealtad a elementos extranjeros (imperialistas). Aquellos temores y el creciente enfoque nacionalista para proteger al «hombre común» llevaban al terrorismo.

Una de las razones por las que he titulado este libro *Trump, tamales y la familia americana* es porque creo que es la mejor manera de unir el pasado y el presente sin quedarnos atascados en cualquiera de los dos. Como ya dije, los tamales se compartieron durante 9.492 años antes de que Colón descubriera las Américas. Cuentan con una larga tradición como símbolo de unidad y armonía entre gobernantes. Es el don de los alimentos que todavía hoy desempeña un papel central en nuestras relaciones. Se ofrecen aquí al presidente Trump para recordarle los vínculos culinarios y migratorios compartidos por los pueblos de las Américas. Se los ofrecemos para recordarle los lazos ancestrales y familiares que nos unen. Los ofrecemos para, de manera simbólica, invitarlo a la mesa familiar y a la mesa de los negocios, en las que hablaremos de por qué la alianza estratégica con nuestros vecinos al otro lado de las fronteras, especialmente nuestros amigos de México, tiene mucho más sentido que la división en forma de muro fronterizo.

Como podemos comprobar con el periplo populista de Venezuela, iniciado por el presidente Hugo Chávez (1999-2013) y continuado por Nicolás Maduro (2013-)[5], una de las maneras del gobierno de proteger al hombre común es asumir el papel de Padre Protector en todos los frentes de la vida del país, aunque ello conduzca al borde del desastre.[6] Hoy en día, la represión política, la recesión económica, la delincuencia, la corrupción, la censura, la escasez de medicamentos y alimentos básicos y las violaciones de derechos humanos son algunas de las causas de la catástrofe venezolana.

Dentro del marco en que percibimos a Washington, DC como Padre Protector, la siguiente pregunta debería ser: «En realidad, ¿cómo nos protege un muro?» Dicho de otro modo, ¿cómo contribuye un muro en la frontera entre Estados Unidos y México a que América recupere su grandeza? O formulado de otra manera, ¿cómo podría un muro ayudar a nuestra economía y nuestra seguridad a alcanzar unas dimensiones colosales a pesar de las amenazas que suponen otras superpotencias mundiales? Ahora mismo, la verdadera amenaza es un ataque nuclear o un atentado terrorista como los ataques a las Torres Gemelas de Nueva York en 1992 y 2001, mucho más que las caravanas de personas hambrientas llegadas de América Central y América del Sur.

Debido a este riesgo constante, necesitamos abordar lo que tenemos a simple vista: que *todos* somos americanos, no solo los

---

5     La presidencia de Maduro ha sido impugnada por Juan Guaidó según el artículo 233 de la Constitución venezolana desde enero de 2019.

6     A día de hoy, más de cinco millones de venezolanos han huido del país. El 8 de noviembre de 2018, el ACNUR y la OIM certificaron tres millones de refugiados hasta mediados de 2014. (24 de septiembre, 2014) The Bolivarian diaspora is a reversal of fortune on a massive scale (La diáspora bolivariana supone un enorme revés). *El Universal.*

habitantes de Estados Unidos, porque ser americano puede tener muchos significados. Primero, porque pertenecemos a *un solo* continente; la reconciliación es esencial si recordamos nuestros vínculos geográficos e históricos. Segundo, porque unidos nos regeneramos, como un árbol que extiende sus ramas y da sombra a otro en condiciones adversas, con la inspiración de nuestra Declaración de 1776 compartida con otros libertadores de las Américas. En definitiva, debemos reivindicar nuestro poder como una sola familia extensa a pesar de nuestras diferencias. ¿Cómo construimos un nuevo futuro en las Américas si miramos al presente sin analizar el pasado? En realidad, deberíamos mirar primero al pasado para entender que la infraestructura colonial impuesta por los europeos nunca eliminó del todo nuestras raíces indígenas.

A los norteamericanos que se reconocen principalmente europeos podríamos preguntarles qué pasaba con *nuestra* existencia antes de la colonización de las Américas por británicos, españoles y portugueses. ¿Qué ocurría con nuestras relaciones más allá de las fronteras, el linaje indígena de sangre, costumbres, valores y medios de producción y consumo, gran parte de los cuales sobrevivió a los sistemas europeos y todavía hoy apela a nuestro espíritu individual y colectivo? ¿Cómo reivindicamos lo que somos –habitantes de un continente que todavía susurra mensajes ancestrales– para poder seguir viviendo en paz y con sentido común con la tierra, sus animales, el universo, nuestros antepasados, lenguas indígenas, rituales y demás cosas? Esto es importante porque ninguna de estas cosas ha desaparecido. Al contrario, aún es punto de confluencia de todo lo que nos incumbe y enriquece tanto hoy como en el futuro, porque no solo somos europeos. ¿Cómo reconocemos a nuestros antepasados indígenas, africanos, asiáticos, europeos y de Oriente Medio con un solo aliento de amor? ¿Cómo entonamos rezos en catedrales, ríos, praderas y montañas con amor hacia *todos* nuestros parientes, especialmente aquellos cuyas tumbas y cenizas se encuentran más cerca de nosotros?

Tomando otro ejemplo del pasado, la mentalidad de los que

trabajaron en la industria de defensa durante la Guerra Fría se basaba en la voluntad de destruir el mundo con armas nucleares sin preocuparse por su ascendencia y orígenes comunes, pues no era así cómo se veían a sí mismos. Los partidarios de la Guerra Fría no se movían en una comunidad orgánica, modelada por sistemas ecológicos, relaciones personales, economías, gobiernos con bases locales o más amplias, leyes elaboradas por el hombre, desengaños, historias –y familias–, en definitiva, un universo vivo con una conciencia incipiente. Relacionadas con todo esto están otras preocupaciones más inmediatas; las actitudes xenófobas de muchos norteamericanos estuvieron y están basadas en el miedo a perder la cultura propia, la raza o la religión, e impregnan las políticas negativas. Estas políticas no son nuevas. Basta mirar a la situación actual de Venezuela. En Estados Unidos, las políticas negativas se hicieron evidentes contra los católicos con la llegada de inmigrantes irlandeses, de judíos en las décadas previas a la II Guerra Mundial o de mexicanos desde los años noventa hasta hoy.

La nación que se desangró a causa del Muro de Berlín[7] podría pedir reparaciones. Lo próximo que podría ocurrir sería que Vladimir Putin o alguno como él viniera a Nogales, en México y gritara: «¡Derribe este muro, presidente!»

El reajuste de opiniones que llevó a Donald J. Trump a la Casa Blanca en 2016 partió de unos votantes ampliamente ignorados que luchaban por el empleo y que temían perder su supremacía por culpa de las corruptas e incompetentes élites comerciales y políticas de los Estados Unidos. Los grupos de presión, incluidos los grupos de presión extranjeros, controlaban Washington, DC.

Muchos de estos votantes se enzarzaron en una confusa discusión con el resto del mundo, porque el mundo no valoraba a los Estados Unidos. Puesto que esas preocupaciones estaban fundadas, los que

---

7    El Muro de Berlín fue una barrera de hormigón de 11,8 pies de altura que separó física e ideológicamente la ciudad de Berlín Oriental (96 millas) y Alemania Oriental (69,5 millas) de Berlín Occidental y Alemania Occidental entre 1961 y 1989. Tenía controles, torres de vigilancia y una «franja de muerte» que contaba con trincheras antivehículo y otras medidas defensivas.

leyeron *El arte de la negociación* de Trump y otros libros recibieron suficientes señales para pedir al Gran Negociador –un recién llegado a Washington, DC– que recuperara los empleos norteamericanos en el extranjero.

La campaña de Trump para «recuperar la grandeza de América» se centraba en la construcción del muro fronterizo y en reforzar la economía de los Estados Unidos renegociando tratados de mercado como el Tratado de Libre Comercio de América del Norte (NAFTA, por sus siglas en inglés) para aumentar la competitividad estadounidense. Sin embargo, el nuevo tratado, firmado el 30 de noviembre de 2018, que debía ser ratificado como el Acuerdo entre Estados Unidos, México y Canadá (USMCA, por sus siglas en inglés), elimina de su nombre el concepto de «libre mercado» así como la denominación «Norteamérica». El cambio sugiere que cada país miembro mantendrá su identidad nacional en lugar de pertenecer a un bloque –una aproximación ciertamente cuestionable para lidiar con China y Rusia[8] que, directa o indirectamente, están aventajando a las Américas. El competitivo capital humano de China (1,376 miles de millones de personas en 2015, según Naciones Unidas)[9] supera con creces a los tres países del NAFTA: Estados Unidos (327,7 millones en 2017), México (129,2 millones en 2017) y Canadá (36,95 millones en 2018). No sorprende, pues, que China esté saturando a las Américas con personas, servicios, inversiones y bienes. En otras palabras, no podemos competir con China nosotros solos, ni ahora ni en la próxima década, ni siquiera como un bloque norteamericano, incluso a pesar de los cambios demográficos experimentados en el país. Solo para poder competir con China, tendríamos que involucrar a todo el hemisferio occidental.

---

8   Venezuela es el mayor destino de inversión de China y el aliado comercial y militar más importante de Rusia en Latinoamérica (después de Brasil). Rusia ha dotado de inteligencia militar al régimen de Nicolás Maduro, como los *colectivos*, los grupos armados de Maduro. Venezuela ha comprado a Rusia más de 5 mil millones de dólares en armamento desde 2005.

9   En la actualidad, China se enfrenta a una fuerte disminución de población que podría afectar a su competitividad económica. (21 de enero, 2019) *New York Times*.

Paradójicamente, Trump raramente menciona las partes vacías y delictivas de la frontera entre Estados Unidos y Canadá a pesar del historial de contrabando de ron de la década de 1920 y las actuales redes de tráfico de drogas. La frontera con Canadá tiene 5.525 millas de largo; se trata de la frontera entre dos países más larga del mundo con uno de los sistemas de seguridad más bajos. Comparada con la idea de Trump sobre la frontera con México y sus 1.954 millas, la frontera con Canadá utiliza un sistema defensivo de inteligencia estratégica en lugar de muros y otras barreras artificiales.

La visión actual de Trump de la frontera entre Estados Unidos y México se ajusta según la distancia a la que el presidente esté de ella, dicen algunos. Por ejemplo, muchos de los que estamos cerca de la frontera sureña tendemos a verla a través de lentes distintos… como una oportunidad económica en la que trabajadores, bienes y servicios pasan de un lado al otro con facilidad. Es una comunidad viva para personas y animales, un ecosistema. Esta frontera de 1.954 millas desde el océano Pacífico hasta el Golfo de México tiene 700 millas de barreras que están aumentando en el momento en que se escribe este libro; 1.200 millas quedan de frontera sin barreras en Texas de las cuales 100 se encuentran valladas.

El primer muro fue impulsado por el presidente Bush y su Ley del Cerco Seguro (Secure Fence Act, en inglés) como reacción al ataque del 11 de septiembre de 2001 contra el World Trade Center. Diez años más tarde, solo teníamos 700 millas de barreras.

¿Cómo explica la retórica política estas contradicciones (por ejemplo, el trato diferente dado a las fronteras con Canadá y México o la cantidad de tiempo que tardó el gobierno estadounidense en construir una barrera de 700 millas)? Si se construye pronto el nuevo muro, ¿podrán una pared de hormigón o una barrera de acero impedir la excavación de más túneles? Los mexicanos son los mejores excavadores de túneles del mundo. Es obvio que los defensores del muro saben muy poco sobre la industria minera de México o sobre su tradición constructora anterior a la llegada de Colón.[10] Además,

---

10  El capítulo 7 de este libro trata sobre los antiguos túneles de México.

minimizan la familiaridad del mexicano con el terreno de la frontera, teniendo en cuenta que esa tierra perteneció a México antes de 1848.[11] Alguien dijo que el problema está en que no sabemos aceptar la verdad. Esa persona es el nieto de 12 años de alguien que trabaja para mi bufete.

Si queremos crear un continente seguro y próspero en lugar de una comunidad norteamericana vallada, el meollo de la cuestión está en definir qué ha ocurrido y qué no ha funcionado dentro de un marco histórico *amplio*. Si vivimos en una cultura que no reconoce nuestra historia ancestral vinculada a lo que hoy es México, si pasamos por alto que nuestras mentalidades, aunque únicas y diferentes, van unidas, o que el tiempo, la materia, la energía y la vida biológica están interconectadas, no podremos ser parte de la solución. El presidente Trump debería buscar medidas prácticas y efectivas relacionadas con nuestras necesidades básicas –aire, agua y alimento– a nivel transnacional en este universo viviente.

Debemos interactuar con puntos de vista diferentes. No podemos reaccionar con nuestros más bajos instintos o espíritu. El espíritu no es algo local. No es algo que se usa únicamente para criticar al prójimo. Tenemos que ser conscientes de nuestro pasado y nuestro presente sin quedarnos atrapados en ninguno de ellos para ser libres de crear un nuevo futuro.

---

11   El capítulo 8 de este libro trata sobre los efectos residuales de la guerra entre México y Estados Unidos (1846-48).

# Capítulo 3



LA IDEA DE que nuestra existencia y nuestra historia no son importantes es una falsedad. Las leyendas se perciben de manera diferente en las distintas épocas. En la actualidad existen muchos héroes lidiando con miedos, caravanas y fronteras cambiantes que, en muchos casos, recuerdan a épocas oscuras, cuando las civilizaciones estaban cambiando o derrumbándose. Tenemos ejemplos históricos como la aparición de nuevas naciones, la desaparición de las ciudades romanas y la emergencia de liderazgos tribales. *Don Quijote* nos presenta a un héroe cuyo liderazgo prueba que los héroes no mueren ni se entierran, aunque sean imaginarios. Muchos de ellos son también encarnaciones de seres astrales, como se menciona en otro capítulo dedicado a Quetzalcóatl y Viracocha, los dioses creadores. Solo por esta razón, debemos deconstruir nuestro presente para comprender nuestra existencia cotidiana y atisbar, al menos un destello, de nuestro futuro. El sentido de todo esto está en ser conscientes de nuestra historia personal y colectiva para dar el salto a un nuevo estado vital. Nuestros problemas personales se comparten a través del tiempo y el espacio porque así es la evolución. Satish Kumar, ecologista y editor emérito de la revista *Resurgence and Ecologist*, publicada por The Resurgence Trust de Inglaterra, sugiere que el universo no nos pertenece; nosotros pertenecemos al universo, de modo que debemos dejar de creer que somos los dueños de todo. Las palabras de Bill Donnelly fueron «atravesar muros de ladrillo», o sea quimeras y desilusiones, nada más que dudas y temores.

Hoy en día podemos seguir el rastro de la danza del ADN por todo el mundo. La historia de la familia neoyorquina del presidente Trump deja al descubierto los viajes que realizaron sus ancestros desde otros países a Estados Unidos. Por otro lado, yo soy de Venezuela, pero mi ADN revela un marcador genético que apunta a África Occidental. Además de esta ascendencia africana, también Europa forma parte de mi ADN, que apunta a ascendientes de España e Irlanda, entre otros países. De hecho, mi perfil genético se origina en, al menos, cuatro continentes: África, Europa, América del Norte y América del Sur. Esta ascendencia mixta es la misma para todos los que transitamos este mundo. *Todos estamos interconectados por nuestra herencia genética mixta, los antepasados a los que recordamos y aquellos a los que hemos olvidado*. Nuestros descendientes continuarán mezclando nuestras historias genéticas y culturales.

La familia existe y nos une sin importar dónde vivamos, de forma individual o como parte de un grupo. Yo me pregunto, por ejemplo, ¿cómo una familia próspera como los Estados Unidos gestiona el influjo de migrantes que huyen de situaciones desesperadas en su patria? ¿Cómo podemos luchar contra la corrupción y la violencia, principales causas de la migración obligatoria, en nuestros países vecinos? ¿Cómo hacemos frente a los desastres medioambientales? ¿Cómo podemos diferenciarnos de países como la Unión Soviética que construyó el Muro de Berlín y otros países que construyen muros para evitar la llegada de refugiados?

Las diferencias económicas están agrandándose, así que ¿cómo vamos a cambiar esta situación? ¿Cómo podemos convertir el muro de la frontera de México y Estados Unidos en un ejemplo de esta transformación por la que crearemos un Nuevo Mundo y abandonar las nociones de Primer y Tercer Mundo? ¿Cuáles son las consecuencias de bloquear el paso a nuestros vecinos del sur, tanto física como legalmente? ¿Cómo puede transformar nuestro país el presidente Trump con un programa más amplio para la frontera y para el resto de las Américas? Hay soluciones ingeniosas que le recuerdan nuestra tradición ancestral… y la suya. Lo que ocurre en la tierra a diferencia de lo que se ve desde el aire en Washington, DC, muestra innumerables maneras de crear una gran América.

Trump, el promotor, que ha obrado milagros en la ciudad de Nueva York, puede transformar la frontera entre Estados Unidos y México en un nuevo mundo vivo. Un muro es una idea simplista, poco digna de alguien con el expediente de Trump. Yo misma no necesito ninguna Torre Trump más. Quiero ver cómo transforma los barrios de Nueva York como hizo su padre, Fred Trump, y más cosas, porque él sabe cómo se hace.

# Capítulo 4

El hombre, me parece, no está en la historia: es historia.
OCTAVIO PAZ

NO SE DEBERÍA pasar por alto el impacto que tendrá el muro divisor en nuestras familias y en los pueblos indígenas.[12] Estas poblaciones no desaparecen de la historia. Son nuestra historia.[13]

Algunos afirman que el muro que propone el presidente Trump es otro Muro de Berlín. Las motivaciones del presidente pueden ser diferentes de las de la Unión Soviética, pero las consecuencias son las mismas. Por ejemplo, la postura defensiva de la Unión Soviética, principalmente su programa comunista y de Guerra Fría, fragmentó Alemania Oriental y Occidental y tuvo un impacto económico negativo para ambas partes. La barrera artificial dividió familias, economías y lazos culturales.[14] La Unión Soviética no quería formar parte de una solución pacífica plurinacional. Era más fácil alimentar el complejo militar-industrial que crear una economía pujante en

---

12  Un ejemplo es la tribu nativa americana Nación Tohono O´odham, que ocupa 75 millas de la frontera entre Estados Unidos y México.

13  En 2001, 400.000 mexicano- norteamericanos en su mayoría legales vivían en 1.000 asentamientos a lo largo de la frontera, muchos de los cuales «carecían de servicios médicos; solo en el condado de El Paso, en sus 214 colonias, vivían 72.000 personas que eran atendidas por tan solo siete clínicas». Curing Colonias. (Atención médica a las colonias). (Abril, 2001). *Texas Monthly*.

14  El venezolano Simón Bolívar, libertador de cinco naciones, tenía una opinión firme sobre el fundamentalismo doctrinario. Afirmó que «las doctrinas más perfectas y puras son las que envenenan nuestra existencia».

una zona que había sido una sola región durante miles de años.

El Muro de Berlín se construyó dos años antes de mi llegada a Estados Unidos. Mi padre siempre expresó su rechazo hacia aquel muro. De hecho, consideraba la frontera de México con Estados Unidos *solo* como una demarcación, tal vez porque a los mexicanos jamás los habría frenado algo como el Muro de Berlín. A menudo se refería a los mexicanos indocumentados como «nuestros rastreadores de tamales» porque le recordaban a los papúes que le salvaron la vida durante la guerra. Como aquellos, los mexicanos conocen bien su antiguo territorio.

Mi padre estaba seguro de que yo sobreviviría a pesar de que mi vida era un gran caos: un torbellino de palabras desconocidas (en inglés), valores y tradiciones. Además, estábamos en la década de 1960. Todo el mundo se estaba convulsionando. No obstante, hacer frente a aquellas dificultades me hizo fuerte. Nadé cuando el tsunami amenazaba con ahogarme. Me convertí en una joven decidida, segura de mi capacidad para triunfar. Aprendí inglés. Obtuve buenos resultados en la secundaria, luego fui a la universidad y más tarde a la Facultad de Derecho en la Universidad de Texas (UT), en Austin. El hombre que me inspiró fue Octavio Paz[15], durante una visita al campus de la UT a principios de la década de 1970. Conversamos sobre nuestro destino individual. Me animó a creer que yo había inmigrado a Estados Unidos por una buena razón. Ningún aspecto de mi experiencia migratoria era especialmente sencillo. Pero lo conseguí. También conseguí hacer algo que requirió un gran esfuerzo pero que tuvo resultados significativos.

Debido a mi experiencia personal como inmigrante, decidí que la mejor manera de aprovechar mi doctorado iba a ser trabajar como abogada de inmigración. He ejercido durante décadas y he escuchado miles de historias sobre las experiencias de los inmigrantes con nuestro sistema. He sido testigo del trauma de las familias separadas a la fuerza por la frontera o por la deportación, que no podían visitarse debido a nuestras inútiles leyes migratorias.

---

15  Octavio Paz obtuvo el Premio Nobel de Literatura en 1990.

He visto la desolación de los que contribuyen a nuestra economía en gran medida y, sin embargo, son obligados a abandonar unos negocios prósperos para regresar a los países de nacimiento que un día dejaron. He presenciado el miedo intenso de los que saben que podrían obligarlos a volver a un lugar donde, con probabilidad, podrían ser asesinados o reclutados a la fuerza por escuadrones de la muerte y bandas criminales. También he visto mucha alegría cuando se les concede el permiso para construir un hogar en este país, al que perciben como la tierra de las oportunidades.

La historia de nuestra nación es una historia de personas que se han trasladado, a veces sin poder elegir, desde todos los rincones del mundo, trayendo con ellas todo un espectro de creencias, valores, ideas, recetas y tradiciones. Si nosotros mismos a veces no entendemos a nuestros padres, hermanos o hijos en nuestra propia casa, es fácil comprender lo difícil que ha sido entender a nuestros inmigrantes y vecinos, cuyos antecedentes y experiencias vitales a menudo son muy diferentes de los nuestros. Hemos tenido que trabajar muy duro para estar unidos como una cultura homogénea.

Como norteamericanos, hemos sido culpables o víctimas de innumerables tragedias resultantes de los choques entre culturas. El encuentro de los colonos europeos con las Primeras Naciones de nativos americanos, acabó en genocidio. La esclavitud fue el resultado del encuentro de africanos, secuestrados en su tierra natal, y europeos. Cuando italianos e irlandeses entraron en contacto con europeos de otros países, el resultado fue el prejuicio y la exclusión. El contacto entre liberales y conservadores o entre demócratas y republicanos derivó en ira y conflicto.

Hoy en día, cuando los inmigrantes latinoamericanos entran en contacto con su nueva sociedad, los resultados más frecuentes son prejuicios, exclusión y explotación. Por otra parte, fuera de Estados Unidos, cientos de miles de norteamericanos que viven y trabajan en el extranjero están experimentando los mismos prejuicios, exclusión y explotación porque, según sus detractores, «no pertenecen» al lugar. El camino que deberíamos seguir, nosotros y con los demás, legales e indocumentados, es anteponer a las personas en todos los aspectos de nuestras vidas y servir de ejemplo para el mundo.

La parte positiva es que, debido a los periodos más oscuros de nuestra historia, hemos aprendido y avanzado. Sabemos que la manera en que los nativos americanos fueron tratados durante tantos años fue injusta. Hemos dejado atrás la esclavitud y algunas victorias conseguidas con gran esfuerzo han reparado las injusticias de las que fueron víctimas los afroamericanos en lo que respecta a los derechos civiles. Pero hay que hacer mucho más para arreglar los problemas sociales y las injusticias que aún afectan a estos dos grupos. Del mismo modo, aún tenemos que escalar una montaña en lo que respecta al trato dispensado a los hispanoamericanos en nuestro país. Discutimos si deberíamos o no construir un muro físico en la frontera entre Estados Unidos y México, pero ya hay un muro en este país. Un muro invisible. Una barrera que separa a los hablantes nativos de español y sus descendientes del resto de nosotros. Esto tiene que cambiar.

Por ello, el principal argumento expuesto en este libro es que *es hora de repensar la manera en la que nos identificamos con la historia*. Con el presidente Trump como figura paterna en nuestro marco genealógico, sostenemos que es hora de sentarnos juntos a la mesa familiar como actores más que como observadores. Es hora de buscar y actuar sobre las cosas que tenemos en común, como seres humanos que viajan por el espacio en el mismo planeta. Es hora de ver en qué manera podemos trabajar juntos para el beneficio mutuo, hora de crear un grupo armónico de naciones y de dejar una herencia valiosa para nuestra familia extensa.

Apelo al presidente Trump para que interiorice y se tome en serio su papel como padre de esta parte del mundo. No solo es el jefe de nuestra nación, sino que también sus acciones y políticas tienen un impacto directo sobre nuestra familia extensa del continente americano. Los planes del presidente para construir un muro fronterizo, junto con sus objetivos para la política migratoria, son como una granada lanzada dentro de nuestra casa familiar que va a desgarrar a nuestros parientes. Pero sabemos que la confrontación puede ser el punto de partida para mejorar la comunicación, afinar nuestra visión y buscar soluciones. Esa es mi esperanza. Quiero que este libro vaya directo al corazón del presidente Trump, de los otros líderes de las naciones de América del Norte y del Sur y de las personas de todo el continente para desarrollar políticas que nos conviertan en una familia más fuerte y unida. Todos tenemos que involucrarnos. Estamos juntos en esto.

# Capítulo 5

*La libertad del Nuevo Mundo es la esperanza del universo.*
SIMÓN BOLÍVAR

CUANDO SIMÓN BOLÍVAR pronunció esta frase, se estaba refiriendo a la guerra de Independencia de España, pero su noción de una familia continental no tenía límites de espacio ni de tiempo. Al contrario, la familia del Nuevo Mundo, las Américas, se hallaba fuera de fronteras espacio-temporales. Antepasados y descendientes nos llevaron a través de esas fronteras, igual que lo hacen hoy. Por ejemplo, cuando viajamos lo suficientemente atrás en el pasado, vemos que todos estamos emparentados. Estamos todos conectados por las raíces del árbol genealógico del mundo. Estamos conectados por medio de los elementos. El aire que respiramos, el agua que fluye entre nosotros y bajo nuestros pies, la tierra que nos sostiene, el sol que nos da vida –compartimos todos estos elementos.

Nuestros antepasados ponen nuestros cimientos en el mundo; nuestros descendientes nos dan esperanza y nos inspiran para crear riqueza, un legado y un mundo positivo. Cuando nuestros descendientes eligen cónyuges de otras partes del planeta, el árbol genealógico mundial nos cobija a todos. A su vez, nuestras historias cruzan fronteras en boca de nuestros descendientes. Por eso la inmigración familiar es la piedra fundamental del sistema migratorio norteamericano. Los padres influyen en los hijos y los hijos influyen en los padres. Nosotros, la familia directa y la extensa, incluidos tías, tíos y abuelos, repercutimos en la sociedad al ofrecer una red de apoyo, evitando así que la familia dependa de los servicios sociales del estado. Todo es cuestión de responsabilidad y reciprocidad. Si hacemos honor a nuestra vieja tradición migratoria, sobre todo la familia, con mucha concentración y moderación, obtendremos una enorme fortaleza. Si se debería hacer algo ya es aumentar la limitación anual de familiares inmigrantes llegados de Canadá y México. Fue así hasta el 1 de enero de 1977, cuando aplicábamos un cupo hemisférico a las Américas, en lugar de una cuota por país.[16]

El presidente Trump quiere realizar algunos cambios en nuestro sistema de inmigración familiar llamándolo «inmigración en cadena», una forma de despersonalizar la familia y allanar el camino para un sistema de «inmigración basada en el mérito» por el cual los burócratas del gobierno deciden qué tipo de inmigrantes se necesitan. Según el nuevo plan de Trump, los excluidos anuales serán alrededor de 140.350 portadores de tarjetas de residencia patrocinados por la familia[17].

Cuando comparamos la cantidad de 140.350, o sea el 12,45 % al año, con el número total de solicitudes de tarjetas de residencia en 2017 (1.127.167),[18] vemos que el número de propuestas de reducción de tarjetas de residencia es demasiado bajo para que tenga un gran impacto en el total de la inmigración. Sin embargo, es relevante cuando valoramos el costo social y económico para las familias afectadas. Además, en la actualidad hay cuatro millones de personas

---

16   Uno de los principales decretos de la enmienda de 1976 a la Ley de Inmigración y Nacionalidad de 1952, rectificada, consistió en ampliar un límite anual de 20.000 personas por cada país del hemisferio occidental. (Ley de 20 de octubre de 1976, (L.) 94-571, 90 (art.) 2703). A día de hoy, la cuota anual es de 25.000 personas.

17   Estas categorías también incluyen los hijos menores de las siguientes personas: hijos e hijas solteras mayores de 21 años de personas con tarjeta de residencia (2B) (28.550), hijos e hijas solteras mayores de 21 años de ciudadanos norteamericanos (F1) (23.400), hijos e hijas casados mayores de 21 años de ciudadanos norteamericanos (F3) (23.400) y hermanos y hermanas de ciudadanos norteamericanos (F4) (65.000).

18   Estadísticas obtenidas del Instituto de Política Migratoria del Departamento de Seguridad Nacional de Estados Unidos, Oficina de Estadísticas Migratorias, *Yearbook of Immigration Stastistics, 2018*.

(la mayoría, miembros de la familia que han envejecido, obligados a esperar más tiempo) en la lista de espera que, según Trump, al final inmigrarán. Sin embargo, no se ha hecho ninguna propuesta sobre cómo se absorberán estos cuatro millones de personas. Además, no se ha proporcionado información fiable que explique si estos cuatro millones son parte de los más o menos 11 millones de inmigrantes indocumentados que viven en los Estados Unidos. Para complicarlo aún más, la disminución de peticiones familiares de inmigración contradice los datos reales sobre el descenso de nuestra población. Solo entre 2010 y 2011, el número de personas menores de 18 años descendió en 190.000, mientras que el número de mayores de 65 años aumentó en 917.000 personas.[19]

A la vista del descenso demográfico y otras condiciones ¿cómo puede entender nuestro país la acuciante retórica de Trump sobre inmigración? El descenso de población en Estados Unidos se debe a tres factores: niveles más bajos de inmigración, aumento en los niveles de envejecimiento de la población norteamericana y tasas más bajas de fertilidad.[20] Según esta investigación, en los últimos años, la inmigración internacional neta se cifra en un descenso del 30 % en el crecimiento poblacional anual con un número reducido de menores de 18 años. Los niveles de crecimiento de inmigración mexicana están a cero ya que el número de mexicanos que entraban en Estados Unidos era el mismo que los que regresaban a México. En lo que respecta a la necesidad de un muro fronterizo de 1.954 millas entre Estados Unidos y México, hay que señalar que, entre 2000 y 2017[21] se registró un descenso total del 81,5 % de detenciones en el suroeste de la frontera, sin el muro de Trump.

Se trata de un problema complejo, pero no tanto como para requerir

---

19    Mather, M. (17 de mayo, 2012). What's Driving the Decline in U.S. Population Growth? (¿Qué está causando el descenso de población en Estados Unidos?) Recuperado el 30 de septiembre de 2019, de Population Reference Bureau: https://www.prb.org/us-population-growth-decline/

20    Ibid.

21    Robertson, L. (2019) *Illegal Immigration Statistics (Estadísticas de inmigración ilegal)*. Oficina de Aduanas y Protección Fronteriza. Recuperado el 30 de septiembre de 2019 de https://www.factcheck.org/2018/06/illegal-immigration-statistics/

un recorte en la inmigración familiar, de hecho, esta debería aumentar. La propia historia familiar del presidente Trump es el clásico ejemplo de inmigración familiar. Junto a una avalancha de compatriotas, su abuelo, Frederick Trump, un barbero de dieciséis años que escapó de la amenaza del servicio militar en el Reino de Baviera, hoy Alemania, formó una familia en los Estados Unidos. Su hijo, Fred Trump, que se casó con una inmigrante escocesa, Mary, tuvo éxito en el negocio de la inversión inmobiliaria. Donald J. Trump es uno de sus hijos.

Como promotor de viviendas unifamiliares y múltiples, Fred Trump sabía de la importancia del vecindario para determinar el valor de un lugar. Por ejemplo, cuando las casas de todos los vecinos son apetecibles, el valor del espacio original es más alto. Un hogar bonito en medio del gueto adopta el valor del gueto. A pesar de los efectos económicos asociados al vecindario circundante, el impacto social de las viviendas para grupos de ingresos medios puede ser ideal si se gestiona adecuadamente. La nueva vivienda puede vallar la propiedad (pensemos en el muro fronterizo), pero esa valla no puede disipar la tensión y el resentimiento de los vecinos que sufren. Hay maneras más productivas, compasivas y económicamente inteligentes de construir una vecindad.

Según palabras del presidente Trump, «Puedes elegir una localización mediocre (pensemos en un pueblo de frontera) y convertirla en algo considerablemente mejor si atraes a la gente adecuada».[22] Su padre, Fred Trump, construyó barrios modernos en Queens, Nueva York, y 27.000 apartamentos en la ciudad de Nueva York, entre otros muchos proyectos. En *El arte de la negociación (The Art of the Deal)*, Donald J. Trump afirma: «Mi padre proporcionó un estilo de vida totalmente nuevo a los trabajadores que pasaban su vida en pequeños apartamentos abarrotados: casas de ladrillo de estilo suburbano a un precio asequible. Se las quitaban de las manos

---

22  Trump, D. J. (1987) *The Art of the Deal*. Estados Unidos: Random House. Ballantine Books (reimpr. 2015). También reconoce que el mundo de la propiedad en Nueva York requiere «tratar con algunas de las personas más listas, duras y despiadadas del mundo...» ("...dealing with some of the sharpest, toughest, and most vicious people in the world...") p. 48.

en cuanto las terminaba».[23]

Si observamos el trato que da el presidente a sus propios hijos, es evidente que la familia es importante para él. Los mantiene cerca, trabajando con ellos, ya que desempeñan funciones muy valiosas para su presidencia y su imperio inmobiliario. Su hija, Ivanka, trabaja como asesora especial del presidente en la administración de su padre, centrada de manera casi exclusiva en temas relacionados con las mujeres emprendedoras, el crédito fiscal por hijo y la economía. Donald Trump Jr. y su hermano menor, Eric, dirigen la Organización Trump en la actualidad, mientras su padre esté en el cargo. Como afirma Trump en su libro *Crippled América*, «Las personas más felices que conozco son aquellas que tienen buenas familias y elevados principios. Lo he visto. Lo sé. Los que tienen un cónyuge cariñoso e hijos a los que quieren de verdad, son personas felices».[24] Aunque la familia del hemisferio de Trump no es lo mismo que una familia directa, ¿alguien duda de que nos iría mucho mejor a todos si ofreciéramos empatía, consideración, respeto y oportunidades a los que tenemos alrededor, del mismo modo que nos gustaría recibir de ellos todos estos presentes?

Igual que Trump y sus hijos han trabajado juntos en beneficio mutuo, es hora de que él trabaje con la familia del hemisferio americano en beneficio mutuo, creando las condiciones que permitan a las familias prosperar. Esto es principalmente cierto en nuestras ciudades de la frontera entre Estados Unidos y México. De hecho, acercarnos a nuestros vecinos con este enfoque no solo los beneficia a ellos, sino que también nos beneficia a nosotros. En primer lugar, cuando tratamos bien a la gente fomentamos la confianza y tenemos más posibilidades de que ellos nos traten bien a nosotros. Hay que sembrar para cosechar, dice el refrán. En segundo lugar, tejer relaciones fuertes y ser generosos son aspectos claves para alcanzar un sentimiento personal de felicidad. Los pueblos de la frontera pueden ofrecernos una red de protección mejor que los muros, las

---

23  Ibid, pp. 67-68.
24  Trump, D. J. (2015) *Crippled America: How to Make America Great Again.* Easyread, p. 128.

torres de vigilancia y los helicópteros.

Es bien sabido que cuando mantenemos interacciones sociales positivas con la gente, incluso con extraños como el amable cajero de la tienda de comestibles, tendemos a sentirnos mejor. Esta certeza se extiende más allá de razas, edad, condición social y país de origen. Somos criaturas sociales y conectar con la gente nos hace sentir mejor, independientemente de quiénes sean o dónde nacieran. Es también una cuestión científica. Hacemos que nuestro cuerpo y nuestra mente se sientan fisiológicamente mejor cuando provocamos la producción de oxitocina, incluso cuando las personas con las que interactuamos no pertenecen a nuestro grupo social habitual.

Al ser generosos con los conocidos y los desconocidos, sentimos amor, en sentido literal. Ni el cuerpo ni la mente se benefician si elegimos sentir ira, miedo u odio hacia los otros. No existe ningún beneficio cuando elegimos temer a los inmigrantes y extranjeros. Por estas razones, he incluido en este libro la historia de Christian Picciolini, antiguo miembro de un grupo supremacista blanco, porque el sentimiento de pertenencia real aumentó su felicidad personal y lo convirtió en un miembro positivo y productivo de nuestra sociedad.

Aunque es cierto que el presidente Trump debe colocar los intereses de los Estados Unidos en su centro de atención, también es crucial que tenga en cuenta a nuestros vecinos. Tenemos que trabajar juntos para hacer que brille nuestra frontera sureña. Si él dirige nuestra familia hemisférica con éxito, estimulando la cooperación económica y arreglando un sistema migratorio que anime a la gente a encontrar el mejor modo de contribuir, entonces no solo seremos una región del mundo más rica y políticamente estable, sino que también, con probabilidad, seríamos un pueblo más feliz.

Este no es un sueño imposible. Como dice el presidente Trump en *El arte de la negociación (The Art of the Deal)*, «La gente no siempre piensa en grande por sí misma, pero pueden estar muy motivadas por los que sí lo hacen». [25]

---

25  Trump, D. J. y Schwartz, T. (1987) *The Art of the Deal*, p.58. Estados Unidos. Random House . (*El arte de la negociación*. Barcelona: Grijalbo.)

# Capítulo 6


*Cambia tu manera de pensar y cambiarás el mundo.*
REVERENDO NORMAN VINCENT PEAL

EL PLAN DEL muro del presidente Trump va contra la naturaleza de nuestra historia, especialmente tras la Segunda Guerra Mundial. Veamos, por ejemplo, el caso del Plan Marshall, [26]impulsado por el general George Marshall. El general Marshall fue otro soldado civil con ganas de transformar el mundo, un ejemplo excelente de cómo Estados Unidos sustituyó la estrategia de exportar la guerra (o la resistencia) por la de exportar ayuda económica. Promulgado como el Programa de Recuperación Europea (ERP, por sus siglas en inglés), fue firmado por el presidente Harry S. Truman el 3 de abril de 1948. En los siguientes cuatro años, Estados Unidos repartió 12.000 millones de dólares, retiró las barreras al comercio y modernizó infraestructuras civiles e industriales con el fin de favorecer la recuperación económica de Reino Unido, Francia y Alemania Occidental, en este orden. La Unión Soviética rechazó estos beneficios y bloqueó la ayuda a países de Europa del Este como Hungría y Polonia. Los Estados Unidos también ayudaron a Japón, aunque Japón no era parte del plan inicial.

En aquellos años, los ciudadanos norteamericanos tuvieron la capacidad de regenerarse. Nos recordamos a nosotros mismos nuestro vínculo con los alemanes. La reconciliación era crucial. Hoy en día,

---

26  El general de la armada George Marshall se convirtió en Secretario de Estado de los Estados Unidos.

vemos cómo países europeos a los que ayudamos se han convertido en el bloque político de libre mercado conocido como Unión Europea, de los cuales 21 miembros son repúblicas y otros siete son monarquías,[27] con una población estimada de más de 500 millones de habitantes. La Unión Europea borró la figura jurídica de extranjero ilegal dentro de sus países miembros. La UE representa universos paralelos que pertenecen a la misma familia extensa a pesar de sus diferencias étnicas, raciales, lingüísticas y religiosas, entre otras.

No cabe duda de que las políticas de Estados Unidos han oscilado entre exportar la paz (Alianza para el Progreso de Kennedy) y exportar la guerra, especialmente en el contexto de la Guerra Fría y, más recientemente, en Oriente Medio. Sin embargo, volviendo al análisis de las repercusiones de la guerra, es necesario ser coherentes. El general George Marshall, al igual que mi padre, veía el mundo a través de unos lentes distintos porque ambos *vivieron* la II Guerra Mundial. Cualquiera en Washington que no haya pasado por un cataclismo enorme como la guerra tiene una perspectiva diferente. No soy defensora de resolver todos los problemas con medidas pacíficas, no obstante, la situación que tenemos hoy en día con las bandas, ya sea dentro o fuera de Estados Unidos, o la exportación de ayuda militar a nuestros vecinos de Latinoamérica, requiere que seamos más coherentes y menos impulsivos ante la información que recibimos de los medios de comunicación o los políticos. Me gustaría referirme al libro *The Hero's Journey*,[28] de Joseph Campbell, en lo que se refiere al crecimiento desde la individualidad a la visión del mundo como extensión de cada uno de nosotros. Explica la transformación de Moisés de simple pastor en líder de su pueblo a pesar de sus dificultades para hablar y otros

---

27  Los países miembros son Alemania, Austria, Bélgica, Bulgaria, Croacia, Chipre, Dinamarca, Eslovaquia, España, Estonia, Finlandia, Francia, Grecia, Hungría, Irlanda, Italia, Letonia, Lituania, Luxemburgo, Malta, Países Bajos, Polonia, Portugal, el Reino Unido (los británicos votaron a favor de abandonar la Unión Europea –proceso conocido como *Brexit*– en junio de 2016), República Checa, Rumanía y Suecia.

28  Campbell, J. (2003). *The Hero's Journey* (1ª ed.), New World Library.

desafíos. Utilizando a Moisés como ejemplo, debemos recrear el mundo para expresar nuestra grandeza. Debemos embarcarnos en un viaje heroico que nos lleve más allá de nuestras necesidades egocéntricas hacia una plenitud a mayor escala. La célebre cita de Joseph Campbell, «un héroe es alguien que ha entregado su vida a algo superior a él»,[29] se aplica a Bill Donnelly y al general George Marshall porque eso fue precisamente lo que hicieron.

Por esta razón, la historia de Christian Picciolini es tan inspiradora. Antes de comenzarla, cabe señalar que algunas personas se sienten atraídas por grupos que se nutren de miedo, furia y odio porque así adquieren un sentimiento de pertenencia a dicho grupo. Como lo describe el Servicio de Policía de Edmonton, Canadá, una razón fundamental por la que los individuos se unen a una banda es para sentir compañerismo y aceptación. Por defecto, se unen a una banda como manera de luchar contra la soledad, la ausencia de vínculos y el aislamiento.[30] Aunque, en el fondo, el odio a los extraños que sustenta y une a la banda o grupo es como un pantano que se traga el sentimiento de felicidad de cada uno de sus miembros. Recrearse en el odio y la furia deja muy poco espacio para la alegría o la productividad.

La historia de Christian Picciolini demuestra que, en un principio, la necesidad de pertenencia puede arrastrar a una persona hacia un grupo discriminatorio, como un grupo antiinmigración, al mismo tiempo que destruye la felicidad personal. Picciolini solo tenía 14 años cuando se unió al violento grupo supremacista blanco Hammerskin Nation. Fue iniciado por unos cabezas rapadas que apelaban a sus raíces italiano-europeas. Después de alimentar su orgullo de raza, le enseñaron que cualquiera destruiría su identidad si no se protegía. Utilizaron teorías de la conspiración para argumentar que tenía enemigos empeñados en despojarlo de su identidad. Lo reclutaron usando sus debilidades más que una ideología –algo que recuerda la

---

29  Citas de Joseph Campbell (s.f.). Recuperado el 30 de septiembre de 2019 de BrainyQuote.com: https://www.brainyquote.com/quotes/joseph_campbell_138795
30  Edmonton Police Service. (s.f.) Gangs. (Bandas). Recuperado el 30 de septiembre de 2019 de: https://www.edmontonpolice.ca/CommunityPolicing/OrganizedCrime/Gangs

retórica de Adolf Hitler para crear el Partido Nazi en Alemania.

Poco antes de que Christian abandonara el movimiento, decidió abrir una tienda de música supremacista blanca, que favoreció importantes interacciones con personas a las que se suponía que odiaba: afroamericanos, judíos, homosexuales, etc. Su camino hacia la libertad lo expresó con las siguientes palabras:

De hecho, nunca antes había tenido una conversación relevante con las personas que yo creía odiar, y fueron estas personas las que me demostraron empatía cuando menos lo merecía, y mucho menos de ellos. Empecé a reconocer que tenía más en común con ellos que con las personas de las que me había rodeado durante ocho años, que aquellas personas a las que yo creía odiar, se encargaron de ver algo en mi interior que ni siquiera yo veía, y fue gracias a esa conexión que pude dotarlos de humanidad destruyendo la demonización y el prejuicio que había en mi interior.[31]

Después de conectar con la gente de esta manera, Picciolini abandonó su grupo de supremacistas blancos. En 2011, fundó *Life After Hate* (La vida después del odio), una organización sin ánimo de lucro que ayuda a miembros de grupos discriminatorios a dar un giro a sus vidas, abandonando el grupo y comenzando de nuevo. Su historia tiene elementos comunes con visiones del mundo xenófobas o racistas. En primer lugar, la historia de Picciolini subraya la idea de que en realidad no se trata de un sentimiento de odio personal; elegir enfrentarse a un grupo entero de personas generalmente no implica experiencias o sentimientos negativos hacia los miembros individuales del grupo específico. No se trata de odio hacia las personas que forman parte de

---

31  Davis, D. (18 de enero, 2018) A Former Neo-Nazi Explains Why Hate Drew Him In — And How He Got Out (Un antiguo neonazi explica por qué el odio lo atrapó – y cómo se liberó). Recuperado el 30 de septiembre de 2019 de: https://www.npr.org/2018/01/18/578745514/a-former-neo-nazi-explains-why-hate-drew-him-in-and-how-he-got-out?t=1588163558642

ese grupo. Más que nada se trata de miedo. Miedo a salir perdiendo. Miedo a perder privilegios y poder. Se trata de miedo al cambio y a lo desconocido. El sentimiento de pérdida de poder y de vulnerabilidad hace que la gente se enfrente a otros grupos de personas.

El miedo no es bueno para la lógica. ¿Cuántos de nosotros recordamos intentar dormir sintiendo un miedo atroz a los monstruos del armario o a los cocodrilos que hay debajo de la cama cuando ya éramos lo suficientemente mayores como para creer en esas cosas? ¿Cuántos de nosotros no seguimos sintiendo un ligero pánico cuando el frigorífico hace un ruido extraño a medianoche? Podríamos estar convencidos de que un intruso ha conseguido materializarse en una casa completamente cerrada y segura. Desgraciadamente, cuando sentimos miedo, es fácil que se nos manipule para creer cosas extrañas. El hecho de que muchos de nosotros temamos que los inmigrantes y demandantes de asilo lleguen para hacernos daño respalda esta afirmación. Nos convencemos de que son terroristas a los que debemos impedir el acceso a nuestro territorio, que son miembros de bandas y violadores, que son los monstruos de nuestro armario y los cocodrilos de debajo de la cama.

La lógica no forma parte de estos miedos irracionales. De hecho, los datos demuestran que los supremacistas blancos representan una amenaza mucho mayor que los inmigrantes y los demandantes de asilo. Ningún mexicano, mexicano-estadounidense o latinoamericano ha estado involucrado en un solo atentado terrorista. Los estudios revelan que los supremacistas blancos matan más norteamericanos que cualquier otro extremista. Las investigaciones realizadas indican que la relación entre inmigración y terrorismo es débil. En términos de niveles de delincuencia, la bibliografía académica nos dice que, en los Estados Unidos, la inmigración no tiene ningún impacto en la tasa de delincuencia o que la reduce.[32] Estas argumentaciones

---

32   Academias Nacionales de Ciencia, Ingeniería y Medicina. (2015) The Integration of Immigrants in American Society. (La integración de inmigrantes en la sociedad norteamericana) doi: 10.17226/21746.

contrastan fuertemente con un tuit del 4 de febrero de 2017 del presidente Trump que le decía al mundo que por nuestra frontera del sur «podrían estar entrando en masa muchas personas malas y peligrosas». Si estuvieran entrando en masa en nuestro país, el sentido común nos hace preguntarnos cuánto se tardará en militarizar la frontera – ¿diez años?, ¿cinco? – ¿y por qué razón específica *probada*? ¿Y qué sabemos de los delincuentes, bandas y terroristas locales? ¿Y de los terroristas que entran por nuestros aeropuertos con visados de estudiante o de visitante? Dicho esto, deberíamos preguntarnos, como sugiero en mi libro *El canto de los gallos de oro*,[33] ¿los ataques del 11 de septiembre consiguieron lo que pretendían: separar más aún a Estados Unidos de México y del resto de Latinoamérica?

La deshumanización de mexicanos y otros latinos con unas leyes federales abusivas y la disponibilidad inmediata de prisiones y centros de detención privatizados así lo sugiere. Esa campaña de deshumanización se ha extendido a las ciudades santuario a pesar de su realidad social y su aplicación práctica de la ley.[34] En otras palabras, es más probable que los comentarios incendiarios de nuestros políticos y las leyes represivas de inmigración pongan a los norteamericanos en un peligro mayor si militarizamos nuestras fronteras y nos negamos a ayudar a nuestros vecinos.

Cualquiera puede cometer actos violentos. Apuntar a un grupo determinado por las acciones de unos cuantos de sus miembros no nos librará de la violencia. Del mismo modo que ninguno de nosotros espera que a los blancos se les expulse de Estados Unidos debido a la amenaza que suponen los supremacistas blancos, tampoco deberíamos esperar que un grupo en concreto sea expulsado por temor a amenazas imaginarias. Al usar el miedo como herramienta para dirigir el voto de los norteamericanos, nuestros líderes rechazan lo que ya está probado y se comportan de manera impropia.

Por eso le pido al presidente Trump que comience a fortalecer

---

33  Donnelly, M. (2011, 2ª ed.) *El canto de los gallos de oro*. Trafford Publishing.
34  Centro de Investigación Económica y Política. Recuperado el 15 de octubre de 2018 de https://cepr.org/

relaciones positivas con nuestros inmigrantes y vecinos. Mi percepción es que descubriremos el increíble regalo que supone para nosotros convivir con personas con ideas y talentos diferentes. Cuando las culturas son homogéneas y todo el mundo comparte las mismas historias, alimenta talentos similares en la escuela, comparte las mismas creencias religiosas, la misma perspectiva histórica limitada y la misma experiencia con el gobierno en el poder, es muy probable que la creatividad, la innovación y las oportunidades de crecimiento estén más limitadas. No hay tantas lecciones de las que aprender, ni mucha sabiduría tradicional que extraer. Esto lo vemos en el trabajo en las grandes empresas. Un equipo de trabajo necesita gente con distintas personalidades, experiencias, habilidades y talentos para alimentar su motor creativo y productivo. Cuando todo el mundo es parecido, hay poco que construir en términos de nuevas ideas y lecciones que nacen de experiencias diversas. Cuando hay diversidad, hay mayor productividad, por tanto, salarios más altos. Estos beneficios se relacionan con un mayor espectro de habilidades y un conjunto más amplio de capacidades.[35] Del mismo modo que la mayor diversidad en un mapa genético beneficia la salud de las especies, la mayor diversidad de culturas beneficia a la sociedad.

Cuando creemos en el mito de la autosuficiencia, tenemos la idea errónea de que no necesitamos a nadie «de fuera» que nos ayude a obtener todo lo que necesitamos. No hay una persona, familia o país (en el mundo globalizado actual) que exista en un escenario aislado; producimos, creamos y sobrevivimos gracias al apoyo mutuo de la ciudad, el estado, el país, el continente y el mundo. Prosperamos con ayuda de todas nuestras redes sociales.[36] Pagamos nuestros impuestos y, a cambio, recibimos carreteras, parques y bibliotecas públicas,

---

35 Paradies, Y. y Elias, A. (28 de febrero, 2017). How racism and a lack of diversity can harm productivity in our workplaces. (Cómo el racismo y la falta de diversidad disminuyen la productividad en el trabajo). Recuperado el 30 de septiembre de 2019 de: https://theconversation.com/how-racism-and-a-lack-of-diversity-can-harm-productivity-in-our-workplaces-73119

36 Centro de Investigación Económica y Política. (Marzo de 2019) The Value of Social Network (El valor de la red social). Big Data.

además de servicios de seguridad como policía, departamentos de bomberos, protección militar, sistemas de votación y otros. Todos nos beneficiamos de una relación mutuamente provechosa.

Del mismo modo, nuestro país no es autosuficiente. Dependemos de la importación de bienes y mano de obra para salir adelante. De hecho, el volumen de alimentos que importamos se ha triplicado desde 1999, según el Departamento de Agricultura de los Estados Unidos (USAD, por sus siglas en inglés).[37] Un alto porcentaje de estos alimentos proviene de nuestros vecinos del sur: México y Guatemala suministran una gran variedad de frutas y verduras. La mayor parte de los productos cultivados en este país está en nuestros mercados únicamente gracias al duro trabajo de inmigrantes legales e ilegales –trabajos físicos extenuantes que los granjeros no pueden cubrir con trabajadores norteamericanos.

Si estamos dispuestos a discutir la idea de que somos mucho más fuertes juntos, como una familia hemisférica que reconoce el valor que podemos ofrecernos unos a otros, podemos empoderarnos y utilizar todas nuestras fortalezas para construir algo mayor y mejor que lo que conseguiríamos solos. El tema general de este libro es que podemos convertirnos en una familia americana funcional más fuerte, próspera y de relaciones más saludables de lo que lo hemos sido hasta ahora. Para alcanzar este objetivo, necesitamos abordar los problemas y mejorar las condiciones económicas de todos los individuos que forman esta familia. Recuerden, a medida que aumenta el valor de las propiedades en el vecindario, también nosotros nos beneficiamos. En lugar de invertir miles de millones para construir un muro caprichoso, propongo ayudar a nuestros vecinos a fortalecerse, por el beneficio de todos.

---

37 Servicio de Investigación Económica (2 de mayo, 2018) Food Imports (Importación de alimentos). Recuperado el 30 de septiembre de 2019 de: https:// www.ers.usda.gov/data-products/us-food-imports/

# Capítulo 7

*Son túneles construidos en zonas donde*
*ya existen los muros y las vallas,*
*a veces incluso vallas dobles o triples,*
*y erigir más muros no va a evitarlo.*
CHRISTOPHER WILSON, Subdirector General, Instituto de México,
Centro Internacional para Académicos Woodrow Wilson.[38]

MUCHOS DE LOS que cruzan la frontera sur de los Estados Unidos con intenciones pacíficas se entregan de inmediato a los agentes de la Patrulla Fronteriza porque tienen la intención de ejercitar su derecho legal de petición de asilo. Para las personas que necesitan asilo, un muro fronterizo es, en el mejor de los casos, irrelevante, y en el peor, indicio de una nación sin empatía.

Este capítulo está dedicado a la larga y exitosa habilidad de los mexicanos en la excavación de túneles porque está directamente relacionada con la discusión actual sobre el muro. Los políticos de Washington, DC que están obsesionados con el muro nos están convirtiendo –a los americanos– en el hazmerreír del mundo.

---

38  As Trump pushes for a wall, authorities keep finding drug tunnels under the U.S.-Mexico border. (Mientras Trump insiste en el muro, las autoridades siguen encontrando túneles de tráfico de droga bajo la frontera de Estados Unidos y México). (14 de enero, 2019) *The Washington Post.* Recuperado el 30 de septiembre 2019 de: https://www.washingtonpost.com/world/2019/01/14/trump-pushes-wall-authorities-keep-finding-drug-tunnels-under-us-mexico-border/

¿Por qué? Porque estamos olvidando nuestra historia regional y no reconocemos las tierras que habitamos, partes de las cuales pertenecieron a México durante siglos. Sencillamente, deberíamos dedicar nuestras vidas a algo más grande que nosotros mismos –sí, intentemos labrar un nuevo futuro en lugar de excavar un agujero gigante (o un túnel) para enterrarnos.

Sin las ventajas de los equipos modernos de excavación, los mineros mexicanos de la plata demostraron que podían excavar túneles transitables a 600 metros de profundidad (1.968 pies). Hoy en día podemos visitar esos túneles en las ciudades de Guanajuato (1520),[39] Puebla (1531) y Teotihuacán (400 a. C.), en México. La planificación del muro fronterizo se basa en la creencia de que un muro grande y caro evitará que las personas se cuelen en el país ya que no cruzarán por tierra. Pero ese muro no podrá frenar a aquellos que están dispuestos a cruzar por debajo del muro. Si los antepasados mexicanos podían utilizar herramientas primitivas y la mera fuerza de voluntad para excavar un túnel a casi media milla de profundidad para extraer plata, con toda seguridad sus descendientes podrán hacer lo mismo, con herramientas mucho mejores para ir en busca de libertad, oportunidades y seguridad.

Hace un par de años viajé a Guanajuato, capital del estado central de México del mismo nombre. Los aromas de la sopa de mariscos (*birria*), las enchiladas y el estofado (*guisado* o *guiso*) eran una invitación al placer en cada esquina. Las casas y las tiendas que salpican las calles estrechas y sinuosas estallan con llamativas tonalidades de rosa, amarillo, verde, azul y violeta, como un sueño psicodélico. Las catedrales de la era colonial española te hacían poner los pies en el suelo, en la ciudad alegre como la paleta de un pintor, que cargaba con la oscuridad y la brutalidad de la guerra de independencia de España. Esta historia resonó aún más cuando visité

---

39  Guanajuato, la ciudad más colonial de México, fue declarada Patrimonio de la Humanidad por la UNESCO. Hay párrafos sobre esta hermosa ciudad y la región circundante en mi novela, *El corazón de Bolívar* (Sello Grulla, 2019), p. 119. En esta novela se ha basado la película de producción mexicana del mismo título. Alma Productions LLC, 2018.

las minas de plata de Guanajuato. Sentí los relatos y los llantos de las personas que anduvieron por aquellos túneles antes que yo.

A principios del siglo XVI, poco después de que Colón descubriera la ruta hasta el Nuevo Mundo, los españoles fundaron la ciudad de Guanajuato. Estaban ávidos de encontrar riquezas para ellos y para sus monarcas. Los colonizadores españoles encontraron lo que buscaban. En torno al siglo XVII, cuando se descubrió la enorme veta de plata de la mina La Valenciana, Guanajuato se había convertido en el centro de extracción de plata más importante del mundo.[40] De hecho, las reservas de plata de la ciudad representaron el 20 % del total de plata del periodo. Los monarcas españoles y los condes de Valenciana se hicieron extremadamente ricos a costa de los locales, a los que se obligó a trabajar como esclavos de la mina en condiciones muy peligrosas.

La extracción de esta cantidad ingente de plata requería una mano de obra aproximada de 3.300 esclavos indígenas, que fueron obligados a trabajar para la nobleza española. Después de la independencia de México en 1821, los mineros que trabajaban en la mina La Valenciana recibieron un salario. Sin duda no era un trabajo fácil, y algunos de los mineros pagaron un precio muy alto debido al apetito español por el metal brillante. Cuando recorrí la mina, no me resultó difícil imaginar lo complicado que había sido el trabajo. A los turistas solo les estaba permitido bajar los primeros 60 metros (196 pies) del total de 600 que surcaban el vientre de la tierra. A los que sufrían de claustrofobia o tenían problemas de corazón o de espalda se les pedía que no bajaran.

Una vez más cerca a la profundidad de la mina La Valenciana, la iluminación, diseñada para simular la débil luz de las velas de los mineros, era tan tenue que resultaba muy difícil poder ver algo. Los túneles tenían el tamaño justo para que los mineros anduvieran a gatas en una oscuridad casi total para desempeñar un trabajo que

---

40 Convención de Patrimonio de la Humanidad. Historic Town of Guanajuato and Adjacent Mines. (Ciudad histórica de Guanajuato y minas adyacentes). Recuperado el 30 de septiembre de 2019 de: https://whc.unesco.org/en/list/482/

amenazaba con lisiarlos o matarlos. De hecho, el túnel de 600 metros se conocía y se conoce aún hoy como Boca del Infierno.

A cambio de sus trabajos forzados, los españoles construyeron un templo para los locales de modo que pudieran rezar a los nuevos dioses, santos y ángeles que les habían impuesto. Así que la iglesia de La Valenciana o iglesia de san Cayetano se construyó en la entrada de la mina en el siglo XVIII. Resulta paradójico que la iglesia que se construyó como un altar a la plata esté cubierta de pan de oro. La propia estructura se fabricó con piedra volcánica rosada (cantera) con planta de cruz latina y una cúpula octogonal central.

Aunque los políticos actuales defienden que el muro fronterizo no dejará pasar a los excavadores de túneles, los oficiales de la Oficina de Aduanas y Protección de Fronteras argumentan que el muro no tendrá cimientos a suficiente profundidad para evitar la construcción de sofisticados túneles. Aunque ahora está en la cárcel, el capo mexicano de la droga, El Chapo (Joaquín Guzmán), conocido por su papel como jefe del cártel de Sinaloa, el mayor de México, ha demostrado hasta dónde puede llegar el disparatado juego de los túneles. Cerca de la frontera de Otay Mesa que cruza cerca de San Diego, El Chapo construyó una red de megatúneles que alcanzaron los 70 pies de profundidad, provistos de equipos de alta tecnología como ascensores, sistemas de ventilación y electricidad, que le permitieron meter incontables cargamentos de cocaína y otras drogas en Estados Unidos. En lo que va de año, el sector de Control de Fronteras de San Diego ha localizado siete megatúneles. ¿Quién sabe cuántos más quedarán por localizar? El terreno que rodea San Diego es, en palabras de un oficial de Estados Unidos, «como un queso suizo».[41]

Los túneles se entrecruzan bajo el suelo de San Diego porque

---

41  Mexicans see models of Trump's 'impenetrable' wall, and they're not impressed (Los mexicanos ven maquetas del muro "impenetrable" de Trump y no están impresionados). (16 de octubre, 2017) *The Washington Post*. Recuperado el 30 de septiembre de 2019 de: https://www.washingtonpost.com/world/the_ americas/mexicans-see-models-of-trumps-impenetrable-wall-and-theyre-not-impressed/2017/10/16/4f54bdb8-ad22-11e7-9b93-b97043e57a22_story.html

ya hay muros y vallas en la mayor parte de la frontera de California y México.[42] Aunque en su mayoría se usan para traficar con drogas, también se utilizan para el tráfico de personas y para pasar armas por debajo de la frontera. La abundancia de túneles que cruzan la frontera aporta suficientes pruebas para argumentar que el muro que el presidente Trump tiene en mente será ineficaz para detener a contrabandistas muy motivados para venir a Estados Unidos. En los lugares en la superficie donde es imposible cruzar, hay un mundo subterráneo que funciona de manera diferente.

El Chapo Guzmán resultó ser un Harry Houdini en versión moderna. La habilidad de Guzmán para excavar túneles fue igual de desconcertante que los trucos de los grandes escapistas. Del mismo modo que Harry Houdini se fraguó una carrera gracias a sus trucos de escapismo, con fines de entretenimiento, Guzmán hizo carrera con los trucos de escapista para sus negocios ilegales. Los túneles que Guzmán construyó para pasar cocaína, heroína y marihuana sin que las autoridades fronterizas lo detectaran lo convirtieron en uno de los hombres más ricos del mundo. Su red de túneles subterráneos en la frontera hizo de Guzmán el enemigo más escurridizo del gobierno norteamericano en su guerra antidroga –un fiasco que ha engullido millones de dólares de los contribuyentes desde el comienzo de la lucha en 1971. A pesar del montón de recursos gubernamentales y de la abundancia de información, llevó décadas derrocar al cerebro del cártel.

Es cierto que El Chapo Guzmán no inventó los túneles para el contrabando: ladrones de bancos, traficantes de ron y guerrillas ya los habían usado desde hacía años. En las dos últimas décadas, los policías han descubierto 181 pasos ilegales bajo la frontera de Estados

---

42  Marosi, R. (12 de marzo, 2018) Border fence meets a wall of skepticism in Tijuana, where residents say U.S.-Mexico ties transcend any physical barriers. (El muro fronterizo tropieza con uno de escepticismo en Tijuana, donde los residentes afirman que los lazos entre EEUU y México transcienden las barreras físicas). *Los Angeles Times*. Recuperado el 30 de septiembre de 2019 de: https://www.latimes.com/local/california/la-me-ln-trump-visit-border-prototypes-20180312-story.html

Unidos y México, la mayoría de ellos, túneles cortos y sencillos, con el tamaño suficiente para el paso de una persona. Mientras que el cártel de Sinaloa de Guzmán ha demostrado lo sofisticados que pueden ser los modernos túneles de contrabando cuando se dispone de equipos de alta tecnología y recursos, las minas de plata de Guanajuato y los sencillos túneles de la frontera muestran cómo la mera fuerza de voluntad y unas herramientas básicas es lo que necesita un individuo para hurgar en la tierra y atravesar las barreras o los muros fronterizos de la superficie.

Los túneles representan un reto muy particular en lo que se refiere al contrabando y al tráfico de personas porque son terriblemente difíciles de detectar. Generalmente los satélites, sensores de movimiento y sistemas térmicos de imagen no son capaces de detectarlos. Durante la guerra de Vietnam, cuando el Vietcong utilizó redes de túneles subterráneas para atacar por sorpresa, el ejército tuvo que enviar «ratas de túnel» en misiones de búsqueda y destrucción muy peligrosas ya que no se disponía de equipos adecuados para detección de túneles. La investigación para la detección de túneles comenzó a mediados de la década de 1970. La Agencia de Proyectos de Investigación Avanzados de Defensa (DARPA por sus siglas en inglés) trabajó para desarrollar tecnología fiable para la detección de túneles usando ondas sísmicas y electromagnéticas, pero también fue un esfuerzo en balde.

El año 2005 marcó el inicio de una iniciativa financiada por el gobierno para localizar túneles que reunió a académicos, especialistas industriales e ingenieros militares para detectar áreas de excavaciones en la frontera EUA-México. «Parecía un problema muy sencillo», dijo Nedra Bonal, una de las geofísicas que trabajó en la iniciativa. «Tenía un agujero en el suelo y pensé que estudiaría los datos sísmicos y eso sería todo». Paradójicamente, los agentes del Tunnel Task Force (Grupo Especial de Túneles) hoy están obligados a patrullar a pie el distrito de Otay Mesa, cerca de San Diego. Simplemente, van puerta por puerta y piden a los vecinos que denuncien cualquier cosa sospechosa. Este método de cacería de túneles de baja tecnología, presumiblemente ineficaz, es lo único que pueden hacer nuestros agentes en este momento.[43]

Mike Vigil, antiguo jefe de Operaciones Internacionales en la Administración de Control de Drogas (DEA, por sus siglas en inglés) afirma: «¿Por qué tirar miles de millones de dólares en un proyecto inútil que tendrá un impacto totalmente nulo? Impacto nulo… No va a parar nada. Excavarán túneles. Les harán agujeros y en la pared, pondrán unas puertas francesas con vidrieras. Volarán por encima».[44]

Mientras nos aproximamos a un futuro con coches que vuelan, cuya llegada está prevista para 2020, ¿cómo diablos podrá un muro de 50 pies de altura evitar que la gente simplemente pase por encima? Mis nietos asisten a una clase de impresión en 3-D en la que un chico de doce años con un mes de experiencia en la impresión, diseñó y construyó un dron con éxito. En algún momento del futuro cercano, ¿es irracional pensar que personas con acceso a esa tecnología de impresión podrían fabricar máquinas del tipo de los drones que tengan la fuerza suficiente para transportar a una persona al otro lado de la frontera?

Nuestra tecnología avanza a un ritmo mucho más rápido que nuestra política migratoria. A medida que los inventos como los coches voladores e impresoras en 3-D relativamente baratas cambian la manera en que se trasladan personas y cosas, surge un diálogo totalmente nuevo sobre inmigración. Si los túneles pueden transportar a la gente por debajo de la frontera con facilidad y las tecnologías futuristas auguran que lo hagan por el aire, ¿por qué vamos a malgastar miles de millones en un muro que, con toda seguridad, será ineficaz?

---

43  Reel, M. (3 de agosto, 2015) How the Sinaloa drug cartel digs its tunnels. (Cómo construye sus túneles el cartel de Sinaloa). *The New Yorker*. Recuperado el 30 de septiembre de 2019 de: https://www.newyorker.com/magazine/2015/08/03/underworld-monte-reel

44  Klaas, Brian. (31 de enero, 2019). This man used to fight the cartels. He knows why Trump´s wall won´t work (Este hombre luchaba contra los cárteles. Sabe por qué no funcionará el muro de Trump). *The Washington Post*. Recuperado el 30 de septiembre de 2019 de: https://www.washingtonpost.com/opinions/2019/01/31/this-man-used-to-fight-the-cartels-he-knows-why-trumps-wall-wont-work/

El muro fronterizo pondrá a 800 especies en peligro.[45] Las personas decididas a arriesgarlo todo para cruzar a Estados Unidos sin permiso tienen una gran motivación. En su cabeza, las razones para venir superan con creces los riesgos. Los peligros de la violencia militar, de las bandas y de la violencia doméstica están entre las razones fundamentales por las que las personas vienen cuando saben muy bien que pueden ser castigadas por hacerlo. Vienen porque están desesperadas; sienten que no tienen ninguna otra opción aceptable. Cuando la gente está desesperada encuentra la manera de hacer lo que tienen que hacer o muere en el intento. Un muro fronterizo no es rival para la fuerza de voluntad humana o los recursos de aquellos que se encuentran bajo una gran presión. Y tampoco es lo más beneficioso para nuestro hábitat ecológico.

---

45    Baverstock, A. (10 de octubre, 2017). Experts Warn 800 species, Many Endangered, Affected by Border Wall, (Expertos advierten que 800 especies, muchas en peligro de extinción, podrían verse afectadas por el muro fronterizo). *Fox News Channel, Wild Nature.* Recuperado el 30 de septiembre de 2019 de: https://www.foxnews.com/world/experts-warn-800-species-many-endangered-affected-by-border-wall

# Capítulo 8



COMO A MENUDO decía mi padre, Bill Donnelly, «Si no conoces tu historia, no conoces tu país». Nadie sabía mejor de la importancia de conocer tu propio paisaje, pasado y presente, que mi padre. Los papúes salvaron la vida de muchas tropas norteamericanas en Nueva Guinea porque sabían dónde encontrar comida. Los braceros de México que recolectaban en nuestros campos durante la Segunda Guerra Mundial también nos salvaron la vida porque el territorio había pertenecido a México durante siglos. Estaban muy familiarizados con él. Como decía mi padre en repetidas ocasiones, «nos ayudaron a ganar la Segunda Guerra Mundial».

La historia de los grillos que cuento con frecuencia debería recordar a todo el mundo el poder de la tierra en la que vivimos. En este caso, había grillos por todos los rincones de un gimnasio recién construido en el nordeste de Dallas. A ese gimnasio lleno de grillos se apuntó una amiga. Como un millón de juguetes diminutos aparecieron de repente, sorprendiendo a los clientes en las cintas de correr, en las clases de yoga y en los vestuarios: los grillos aparecieron porque siempre habían estado allí.

Antes de que comenzara la construcción del gimnasio, los grillos ya estaban allí. Antes de que naciera la persona que concibió la idea de construir el gimnasio, los grillos ya estaban allí. Era su territorio. Estaban allí antes. ¿Por qué no buscaron un nuevo hogar después de que los constructores limpiaran la zona y aplastaran las plantas con las que se daban sus banquetes? ¿Por qué, de manera obsesiva, buscaban alimento dentro de un gimnasio ruidoso, donde había un riesgo enorme con zapatillas sudadas que amenazaban con aplastarlos, escobas y palas dispuestas a recogerlos y venenos especialmente diseñados para acabar con sus pequeños cuerpos de insecto? ¿Por qué seguían regresando a su tierra natal a pesar de no ser bien recibidos?

Simplemente, tenían una conexión con la tierra por medio de su red social. [46] A pesar de que «los invasores» entraron en su territorio y les cambiaron la tierra de un modo poco deseable para sus necesidades, el regreso a sus tierras está en la naturaleza de los grillos. De hecho, las redes de grillos están dotadas de una memoria a largo plazo que les permite aprender rutas hacia y desde su territorio de origen. Son capaces de llegar a sus destinos preferidos, generalmente elegidos por los recursos que ofrecen (como comida), memorizando puntos de referencia en la zona. Eligen un lugar y se apegan a él. Cuando se enfrentan a una amenaza dentro de su territorio, por norma general, huyen. Sin embargo, regresan pronto.

Los grillos no son las únicas criaturas que se niegan a renunciar a su territorio cuando es reclamado por invasores. La protección del territorio es una de las razones principales por las que luchan los animales: tigres, lobos, monos, perros, elefantes, gatos domésticos, etc. Ciertamente, los humanos peleamos para proteger nuestras tierras y para recuperarlas cuando las perdemos. El nombre técnico es *irredentismo*, y se refiere a movimientos políticos o populares que buscan recuperar tierras perdidas o *irredentas*. Palestina ha estado enzarzada en el conflicto con Israel durante más de cincuenta años debido a un territorio perdido. En este momento, hay una docena de conflictos similares en todo el mundo. A lo largo de la existencia

---

46  Universidad de Exeter (8 de agosto, 2016). Nature, Not Nurture, Defines Cricket Social Networks (La naturaleza es la que verdaderamente alimenta las redes sociales de los grillos.) Recuperado el 30 de septiembre de 2019 de: https://www.sciencedaily.com/releases/2016/08/160808120436.htm

humana, se han librado incalculables guerras y conflictos irredentistas con el fin de recuperar territorios perdidos. Nunca sabremos cuánta sangre se ha derramado para hacer lo que hicieron los grillos del gimnasio: regresar a la tierra natal.

A sabiendas de que los insectos, los animales y los seres humanos, a lo largo de la historia y en todo el mundo, tienen la tendencia a intentar volver a habitar sus tierras perdidas, ¿sorprende en lo más mínimo que algunos mexicanos estén dispuestos a correr riesgos para regresar a su tierra ancestral? Después de todo, una porción grande de los Estados Unidos pertenecía a México.

Como norteamericanos, nos resulta fácil pasar por alto esta parte de nuestra historia, sobre todo la guerra entre Estados Unidos y México (1846-1848). Para muchos de nosotros, los norteamericanos, el relato dice algo así: los mexicanos nos están invadiendo, colándose por nuestra frontera para venir a vivir aquí sin permiso, así que necesitamos un gran muro para dejarlos fuera. Sin embargo, si damos un paso atrás y miramos la situación histórica global, los invasores fuimos *nosotros*. Ellos son los grillos que regresan a la tierra que, en un principio, les pertenecía. A sabiendas de que se han librado tantas guerras irredentistas para reclamar territorios, tenemos suerte de que los mexicanos casi siempre vengan pacíficamente, a solicitar tarjetas de residencia, a pedir asilo o simplemente intentando no tener problemas por no haber firmado los formularios correctos. Los mexicanos son un pueblo muy valiente y orgulloso además de unos vecinos pacíficos, a pesar de nuestra historia.

Los Estados Unidos se apropiaron del territorio mexicano en una cruzada despiadada, ávidos de acumular la mayor cantidad de tierra y recursos del continente como fuera posible. Se trataba de la doctrina del Destino Manifiesto. Los políticos que lideraron los ataques para arrebatar tierras se apoyaron en la dudosa idea poética de que estábamos destinados a conquistar todo lo que nos rodeaba para traer el cielo y la civilización a los vecinos salvajes. Vemos la mentalidad del Destino Manifiesto en la siguiente declaración escrita en el *Congressional Globe* del 11 de febrero, 1847: «Tenemos que avanzar de un mar al otro… Tenemos que desfilar desde Texas hasta el océano Pacífico. Es nuestro destino como raza blanca; el destino de la raza anglosajona».

La doctrina del Destino Manifiesto justificaba expulsar a los nativos americanos de las tierras que habían habitado desde hacía mucho tiempo en el este y el sur cuando los Estados Unidos declararon la guerra a México en 1846. Antes de la guerra, México poseía el estado actual de Texas, Nuevo México, Arizona, California, Utah, Nevada y algunos territorios de Wyoming, Oklahoma, Colorado y Kansas. Al final de la guerra de México, ya no. Los Estados Unidos habían irrumpido en las líneas que demarcaban las fronteras, engullendo un tercio del total del territorio mexicano.

Cuando estaba en la secundaria, mis profesores trataban por encima la guerra de México, dejando apenas tiempo en el plan de estudios para que los alumnos digirieran, cuestionaran o entendieran lo que ocurrió durante el conflicto. Dedicamos bastante tiempo a la guerra de Independencia, la Guerra Civil y las guerras mundiales, pero a las otras guerras americanas no se les prestó mucha atención. Estudiamos el Destino Manifiesto, pero que yo recuerde, no supimos nada de los norteamericanos contrarios a la doctrina. Tampoco estudiamos mucho la naturaleza sumamente controvertida de la guerra de México. Quizás mis profesores no le dedicaron mucha atención porque sencillamente se trató de una guerra de conquista. No luchábamos para proteger nuestros derechos o para proteger a otros; disputamos esta lucha porque codiciábamos algo que tenían nuestros vecinos. Y luchamos en esa guerra para arrebatárselo.

Este feo episodio de la historia no encaja bien con el modelo social de la identidad norteamericana en la que nos han enseñado a creer. La identidad norteamericana nos permite vernos como los individuos libres y valientes. Los buenos. Los defensores de la libertad. Los relatos que contradicen esta identidad nos causan malestar psicológico, una sensación de incomodidad. La guerra de México es un ejemplo excelente de relato que impide que nos veamos de manera sistemática y fiable como «los buenos». Por tanto, tendemos a ignorar la historia.

No obstante, es digno de mención el hecho de que hubo grandes objeciones a esta guerra por parte de personajes relevantes, antes y durante el conflicto con México, como relata el historiador Howard Zinn.[47] Por aquella época, los norteamericanos no creían de manera unánime en la doctrina del Destino Manifiesto, y algunos protestaron contra la idea de la guerra con fines conquistadores. El general (y futuro presidente número 18 de los Estados Unidos) Ulysses S. Grant definió la guerra de México como «la guerra más injusta que una nación más fuerte ha declarado a una más débil». Más tarde, en sus memorias, confesó que ojalá hubiera tenido «la fuerza moral para renunciar» a lo que, aún siendo un joven soldado, había descrito como «la guerra más perversa». En su intervención en una sesión del Congreso en 1846, el entonces congresista Abraham Lincoln dijo que «el presidente declaró la guerra a México de manera innecesaria e inconstitucional... La entrada del ejército en un asentamiento mexicano pacífico, haciendo huir a sus habitantes y destruyendo sus cosechas y propiedades, a ustedes podría parecerles un procedimiento perfectamente amistoso, pacífico y exento de provocación, a nosotros no nos lo parece».[48]

Lincoln también señaló que la guerra de México comenzó con un ataque premeditado del presidente Polk, gracias al cual a «una banda de asesinos y demonios del infierno» se le «permitió matar a hombres, mujeres y niños». El famoso periodista Horace Greely escribió en el *New York Tribune*,[49] «Podemos derrotar con facilidad a los ejércitos mexicanos, masacrar a miles, y tal vez seguirlos hasta su capital; podemos conquistar y "anexionar" su territorio; pero, ¿después qué? ¿Quién piensa que una serie de victorias sobre México,

---

47 Zinn, H. (s.f.) We Take Nothing by Conquest, Thank God (Gracias a Dios, nosotros no conquistamos nada) *A People's History of the United States, 1492-Present*, Howard Zinn, NY: HarperCollins Publishers, Inc. Recuperado el 30 de septiembre de 2019 de: https://www.historyisaweapon.com/defcon1/zinntak8.html

48 Ibid.

49 Greely, H. (12 de mayo, 1846) Our Country, Right or Wrong! (Nuestro país, ¡bien o mal!)*New York Tribune* Recuperado de http://www.thelatinlibrary.com/imperialism/readings/greeley.html

la "anexión" de la mitad de sus provincias, nos dará más Libertad, una Ética mayor, una Industria más próspera…?"

El sexto presidente de los Estados Unidos, John Quincy Adams la denominó «la guerra más atroz» y Henry Clay, portavoz de la Cámara de Representantes, dijo que la guerra de México «se había puesto en marcha debido a un espíritu de voracidad y un deseo desmedido de expansión territorial». Después del bombardeo naval de la población civil en Veracruz, Robert E. Lee (que pasaría a luchar como líder de la Confederación contra el estado de la Unión de Abraham Lincoln en la Guerra Civil) escribía a su mujer: «Compadezco a los habitantes». El escritor Henry David Thoreau se lamentaba de que la guerra contradijera los valores democráticos y republicanos sobre los que se había fundado el país que se oponía a la ética cristiana más elemental. Finalmente, el coronel Hitchcock, comandante del Regimiento de Infantería número 3, escribió en su diario: «los Estados Unidos son los agresores… No tenemos ni el más mínimo derecho a estar aquí… Parece como si el gobierno hubiese enviado un pequeño ejército con la idea de provocar una guerra y así tener un pretexto para apropiarse de California y de todo el territorio que quiera de este país… Este no es mi sentir.»[50]

A pesar de todas estas objeciones, el presidente James Polk quería guerra. La noche de su toma de posesión, Polk confesó a su Secretario de la Marina que el objetivo fundamental de su presidencia era apropiarse de California, a pesar de que México ya había rechazado venderla a cualquier precio. Con este objetivo en mente, Polk instó al Congreso a declarar la guerra a México, argumentando que México había efectuado el primer disparo contra Estados Unidos. No presentó prueba alguna para sostener esta afirmación. De hecho, en sus «resoluciones inmediatas», Abraham Lincoln retó en repetidas ocasiones a Polk para que dijera el punto en que se había efectuado

---

50 Zinn, H. (s.f.) We Take Nothing by Conquest, Thank God (Gracias a Dios, nosotros no conquistamos nada) *A People's History of the United States, 1492-Present*, Howard Zinn, NY: HarperCollins Publishers, Inc. Recuperado el 30 de septiembre de 2019 de: https://www.historyisaweapon.com/defcon1/zinntak8.html

ese primer disparo. Polk nunca respondió. La mayoría apoyó al presidente y Polk desfiló con los Estados Unidos a una guerra injustificada contra México.[51]

Tras una sangrienta batalla de dos años, Estados Unidos derrotó a México. A pesar de que México se había negado en 1846 a vender a Polk las tierras que este quería a cualquier precio, se desprendió de ellas por unos pocos céntimos el acre en 1848. Con la capital, los puertos y los puestos aduaneros mexicanos ocupados por soldados norteamericanos, se vieron obligados a firmar el Tratado de Guadalupe Hidalgo el 2 de febrero de 1848. Este tratado le cedió a Estados Unidos territorios que incluían el total o parte de Texas, Arizona, Nuevo México, Colorado, Nevada, Utah, Wyoming y California. De este modo, Estados Unidos expropió a México 525.000 millas cuadradas de tierras.

México perdió las fértiles llanuras costeras de Texas y California, las abundantes altas llanuras de las mesetas de Edwards y Colorado y el Llano Estacado –vastas extensiones que han proporcionado una enorme riqueza de minerales, petróleo, carne de res, algodón, maíz, azúcar y otros productos agrícolas. México perdió el fecundo Valle Central de California, el valle del río Gila en Arizona y el valle de Río Grande en Texas, cuernos de la abundancia que pasaron a alimentar a gran parte de la población de Estados Unidos. Al pueblo mexicano se le arrebataron los tesoros de Sierra Nevada, las zonas bajas de las Montañas Rocosas y áreas altas de Sonora y Chihuahua, productoras de enormes cantidades de oro, plata, cobre y otros minerales. Se expropiaron los ríos más importantes y los bosques exuberantes del suroeste americano. Estados Unidos se anexionó los puertos claves de California y Texas (San Francisco, San Pedro, San Diego, Puerto Isabel, Corpus Christi y Galveston) destinados a convertirse en

---

51   Ibid.

prósperos centros de comercio e industria.[52]

Cuando ganamos la guerra de México, ganamos los recursos que nos han hecho ricos. Ganamos el derecho al control de los empleos, las oportunidades que los mexicanos buscan hoy en nuestro país. Nos convertimos en los guardianes de entrada a su territorio ancestral. Si no nos hubiéramos apropiado de la abundante herencia de los mexicanos, ¿cómo se reescribiría hoy su historia? ¿Cómo serían sus vidas? ¿Seríamos nosotros los que pediríamos trabajo y ellos los que conservaran la posición cómoda como propietarios de las tierras del oeste y el sur, ricas en minerales, abundantes en petróleo y agricultura y atractivas para el turismo? ¿Serían ellos los que estarían construyendo un muro para no dejarnos pasar?

Aunque no sabemos si nuestras vidas habrían sido diferentes si Polk no hubiera provocado la guerra de México, sí podemos ver las consecuencias inmediatas de la guerra en las vidas de los que la sufrieron.

Las familias fueron literalmente divididas en dos. Retuvieron las tierras y tenían hogares. Luego, se creó la frontera artificial y, de repente, una parte de la familia estaba en un lado y la otra parte en el otro lado. En cierto sentido, estas familias se convirtieron en enemigas en lugares opuestos, aunque no lo veían así... La violencia no era solo militar; era también una violencia contra el alma, una violencia del espíritu de los que la perpetraban así como de los que la recibían.[53]

---

52  Vogel, R. (2004) The Hispanic Experience. Perspective on the Frontier, The U.S. Conquest and Exploitation of the Mexican People (La experiencia hispánica. Perpectiva de frontera, la conquista norteamericana y la explotación del pueblo mexicano). Houston Institute of Culture. Recuperado el 30 de septiembre de 2019 de: http://www.houstonculture.org/hispanic/conquest5.html

53  PBS.org (s.f.) U. S. - Mexican War-Aftermath. *A War of Violence and Violations: The Consequences of Conquest, A conversation with Antonia I. Castaneda, St. Mary's University* (Una guerra de violencia y violaciones: las consecuencias de la conquista. Conversación con Antonia I. Castaneda). Recuperado el 30 de septiembre de 2019 de: https://www.pbs.org/kera/usmexicanwar/aftermath/violence.html

A pesar de que el Tratado de Guadalupe Hidalgo ofrecía nacionalidad norteamericana a los mexicanos residentes en los territorios anexados, surgieron muchos problemas para los habitantes de la región. Primero, la nueva frontera no solo afectó a estadounidenses y mexicanos. Las primeras naciones habían vivido mucho tiempo en tierras que se extendían por la nueva frontera entre Estados Unidos y México. Muchas tribus de nativos americanos fueron divididas en dos y otras que habían vivido en tierras de propiedad mexicana eran ahora residentes norteamericanos. Comparado con Estados Unidos, México tenía una actitud más progresista hacia las poblaciones indígenas que Estados Unidos a las que ofrecían protección y derechos equivalentes a los de los ciudadanos mexicanos. México intentó asegurar la continuidad de su protección a los indígenas de los territorios cedidos por el Tratado de Guadalupe Hidalgo, pero Estados Unidos no cumplió con su palabra. Basta citar que, en los años inmediatamente posteriores al tratado, las leyes despojaron a los indios de California de su derecho a las tierras. Muchos nativos americanos perdieron sus casas y fueron perseguidos por otras razas no indígenas.

Además de la persecución de las tribus de nativos americanos después del tratado, la invasión americana también causó problemas a los mexicanos que vivían en las regiones de las que se apropió Estados Unidos. A pesar de que el Tratado de Guadalupe Hidalgo les ofrecía la nacionalidad, ese ofrecimiento no incluía los principios que consideramos norteamericanos por antonomasia: igualdad, justicia, libertad o el derecho a buscar la felicidad. De hecho, a medida que los norteamericanos sedientos de tierras se trasladaban a los territorios recientemente «americanizados», los antiguos ciudadanos mexicanos que ya vivían en ellos fueron sometidos a una persecución generalizada.

La opresión sistemática, el racismo y los abusos empujaron a muchos de los residentes de Texas a abandonar sus tierras. En un éxodo masivo, dejaron sus granjas y ranchos y atravesaron Río Grande hasta las antiguas ciudades mexicanas de Paso del Norte, Guerrero, Mier,

Camargo, Reynosa y Matamoros para fundar las nuevas ciudades de Nuevo Laredo, Mesilla y Guadalupe.

En California, los descendientes de los primeros colonos españoles, conocidos como *californios*, se encontraron con problemas parecidos. Justo después del final de la guerra de México, en 1849, comenzó la era de la Fiebre del Oro. Unos 100.000 recién llegados desbordaron California, incluidos más de 80.000 blancos de Estados Unidos, 8.000 mexicanos del estado de Sonora y 5.000 sudamericanos, la mayoría mineros chilenos. Los ciudadanos de Sonora y los chilenos eran considerados mejores mineros que los blancos, lo que desencadenó un trato discriminatorio y una opresión sistemática a manos de blancos resentidos que querían tener más posibilidades de hacerse ricos en las minas. Por ejemplo, la Ley de Impuestos para Mineros Extranjeros de 1850, aprobada por la legislación californiana, obligaba a los extranjeros a comprar mensualmente unos permisos de minería de 20 dólares (una suma enorme de dinero para un recibo mensual, equivalente hoy a 655 dólares). Aparentemente, esta ley pretendía obligar a los mineros mexicanos y chilenos a renunciar a sus derechos de explotación minera de las parcelas de terreno que reclamaban como suyas para poder obtener los beneficios de la extracción de oro. Con la presión a mexicanos y chilenos para que renunciaran a los derechos de explotación de sus propiedades, se les obligaba a trabajar con salarios inferiores a las órdenes de mineros blancos.

Cuando se demostró que la Ley de Impuestos para Mineros Extranjeros era inviable, la tarea de privar de sus derechos a los mineros no blancos fue acometida por bandas de linchamiento y pandillas de pistoleros lideradas por antiguos Rangers de Texas que se habían unido a la Fiebre del Oro en California.

Mientras algunos de los mineros mexicanos y chilenos se rindieron a las bandas y se sometieron al vandalismo y la sistemática injusticia característica de épocas anteriores a los Derechos Civiles de nuestra historia, otros se defendieron. En California, a los que lo hicieron se les etiquetó como «bandoleros». La leyenda de El Zorro surgió en este contexto histórico. El personaje de El Zorro se inspiró en Joaquín Murrieta, un proscrito real de la época de la Fiebre del Oro en California al que se atribuían robos de ganado, atracos, secuestros y asesinatos. Supuestamente, lo que lo motivaba a cometer estos delitos era un deseo de venganza por la violación y el asesinato de varios miembros de su familia, incluida su mujer, y el robo de su mina de oro por parte de angloamericanos oportunistas.[54] En este superventas, Murrieta se transforma en un romántico Robin Hood, un justiciero que se lanza a vengar injusticias sociales. Se convirtió en el símbolo de la resistencia mexicana frente a los recién llegados de California y la consiguiente opresión de la época.[55]

Desgraciadamente, las consecuencias de la adquisición de territorio mexicano fueron las mismas en Nuevo México. En un principio, el futuro de la población mexicana en el territorio de Nuevo México parecía más estable que en otras regiones, como Texas o California. Con ventaja numérica, un gobierno representativo y los derechos garantizados por el Tratado de Guadalupe Hidalgo, parecía que podrían conservar sus tierras. Sin embargo, los rancheros y especuladores norteamericanos y los capitalistas del este de Estados Unidos y extranjeros salieron victoriosos. Después de dos décadas de disputas y litigios por los terrenos, la mayoría de los nativos de Nuevo México se encontraron desplazados y sin tierras.

Apenas cuatro años después del final de la guerra de México, los insaciables Estados Unidos reclamaron a México más tierra. Con un soborno al líder mexicano Santa Anna y la amenaza de más guerras, los Estados Unidos forzaron la firma de *La Venta de la Mesilla*, por la cual se cedía el sur de Arizona y el suroeste de Nuevo México a Estados Unidos.

Hoy en día, México intenta mitigar las pérdidas que sufrió a consecuencia del Tratado de Guadalupe Hidalgo y La Venta de la Mesilla. De hecho, en respuesta a la exigencia del presidente Trump de un muro en la frontera que se creó a partir de estos dos tratados,

---

54  Iddings, R. (2016). *Joaquín Murrieta: The True Story from News Reports of the Period (Joaquín Murrieta: la verdadera historia según las noticias de la época)*,CreateSpace Independent Publishing Platform.

55  Ibid.

algunos mexicanos han respondido con una solicitud de nulidad para el Tratado de Guadalupe Hidalgo. La reclamación, impulsada por Cuauhtémoc Cárdenas, un comprobado estadista mexicano, exponía que el tratado de 1848 vulnera las leyes internacionales, lo cual permitiría que el caso se presentara ante el Tribunal Internacional de Justicia. Cárdenas solicita compensaciones e indemnizaciones basándose en que Estados Unidos no se ha ceñido a una serie de artículos del tratado, incluidos los referidos a nacionalidad, propiedad y seguridad de los 100.000 mexicanos que se quedaron en el territorio que pasó a ser norteamericano.

Tanto si el litigio prospera como si no, los mexicanos, como los grillos, recuerdan lo que era suyo. Cuando regresan a este país para reclamar acceso a los recursos que deberían haber recibido de sus antecesores, ¿cuál es la respuesta de los norteamericanos? Los mexicanos han sido generosos. ¿Deberíamos buscar un modo de cooperar, colaborar e incluirlos en esta herencia?

Muchos norteamericanos no saben casi nada de la guerra de México, pero muchos mexicanos sí. Un escritor dijo que conservan las cicatrices de esa guerra lejana. Además del conocimiento sobre la guerra, los mexicanos pueden estar conectados con la tierra en los territorios que les arrebataron de formas que la gente no se imagina. Una investigación científica reciente muestra que la información sobre un lugar puede transmitirse genéticamente de antepasados a descendientes. La geografía puede tener un impacto en la información genética que llevamos en el cuerpo; puede cambiar quién somos y lo que sabemos de formas sutiles y no tan sutiles. Los antepasados mexicanos expulsados de la tierra que se convirtió en territorio norteamericano con el Tratado de Guadalupe Hidalgo y La Venta de la Mesilla podrían haber transmitido a sus descendientes diferentes vínculos físicos, mentales, emocionales y espirituales con la geografía de su patria de un modo que aún no comprendemos del todo.

Si la geografía marca y moldea nuestros cuerpos, entonces es posible que experimentemos sentimientos inexplicables de conexión y beneficios físicos al estar en esos sitios. Por ejemplo, cuando los antepasados proceden de un lugar en el que el arroz es el producto básico de la dieta, como China, podría ser que los descendientes procesaran mejor el arroz. La intolerancia al gluten podría estar relacionada con lugares ancestrales donde el gluten no era común. Si nuestros cuerpos evolucionan y se adaptan a lugar geográficos concretos, entonces podrían sentirse mejor o trabajar mejor en los lugares de procedencia de nuestros antepasados. Por tanto, podemos sentirnos atraídos para habitar los lugares donde vivieron nuestros antepasados.

Incluso en ausencia de una conexión heredada, física o mental con un lugar determinado, podemos sentir una relación emocional gracias a las historias que nuestros ancestros nos han transmitido. Si heredásemos un cuadro con la montaña romántica y nevada de Nuevo México donde un tatarabuelo conoció al amor de su vida y construyó con sus propias manos un hogar que tuvo que abandonar por las consecuencias de la guerra de México, podríamos sentir un fuerte deseo de visitar ese sitio. Podríamos sentirnos conectados emocionalmente con el lugar. La geografía emocional, en el ámbito de la geografía humana, describe este tipo de conexión con el lugar. Es fácil imaginar que una persona que tenga un fuerte vínculo emocional con un lugar debido a las historias ancestrales quiera visitar e incluso vivir en ese lugar.

Por último, llegamos a la idea de que podemos tener vínculos espirituales con los lugares en los que vivieron nuestros antepasados. En palabras de Amber Hill: «La huella espiritual de los que nos preceden en nuestro linaje resuenan en las moléculas de nuestro cuerpo con más fuerza que ninguna otra fuente de conocimiento, existencia o amor. Nuestros antepasados compartían nuestro mismo mapa genético y las mismas fortalezas y debilidades, tanto físicas como inmateriales, que moldean hoy nuestras vidas. Aunque nunca nos hayamos encontrado en el plano físico, comprendemos a nuestra familia a nivel espiritual en el que también podemos comunicarnos».[56]

---

56  Mythic Magic (9 de noviembre, 2015). The Deepest Magic: To Know Yourself, Know Our Ancestors. (La magia más honda: conocerte y conocer a tus ancestros) Recuperado el 30 de septiembre de 2019 de https://mythicmedicine.love/blog/ the-deepest-magic-to-know-yourself-know-your-ancestors

Nuestros antepasados y sus experiencias, incluidos los lugares donde vivieron, podrían tener un impacto en nuestro espíritu o consciencia de un modo que no podemos explicar ni comprender totalmente.

Cuando aceptamos la idea de que podríamos tener vínculos físicos, mentales, emocionales y espirituales con lugares donde vivieron nuestros antepasados, nos resulta fácil comprender por qué los descendientes de aquellos que fueron expulsados por la fuerza de un lugar tienen una gran necesidad o deseo de regresar a ese lugar. En el contexto de la historia de México y Estados Unidos, vemos cómo lo gente puede sentir algo más que un vínculo con la tierra de sus antepasados; pueden sentir que tienen derecho a ser dueños de parte de ella. Como ocurre con la naturaleza de los grillos, tal vez también existe en la naturaleza humana el deseo a regresar a la tierra ancestral, incluso cuando ello supone grandes riesgos. La política migratoria debe conocer el pasado y las necesidades y deseos de las personas a las que afecta, con el fin de lograr acuerdos factibles y justos entre las fronteras. Si no llegamos a comprender por qué otros hacen lo que hacen, si no llegamos a tener en cuenta sus historias o su naturaleza, solo estaremos en condiciones de formular políticas en beneficio propio. Una buena política migratoria no solo responde a nuestras necesidades; también debe servir para fomentar relaciones sanas con nuestros vecinos en beneficio mutuo. Seremos una nación sensata cuando pasemos de una perspectiva competitiva e interesada a otra más colaborativa, generosa y beneficiosa para ambas partes. Cuando lo hagamos, curaremos las viejas heridas que han deteriorado nuestras relaciones dentro y fuera de nuestras fronteras.

# Capítulo 9

*Hay muchas cosas que solo las pueden*
*ver los ojos que han llorado.*
ARZOBISPO ÓSCAR ROMERO Y GALDÁMEZ (1917-1980)
Canonizado el 14 de octubre de 2018 en El Salvador

EL ARZOBISPO ÓSCAR Romero y Galdámez, que criticó abiertamente la pobreza, la injusticia social, los asesinatos y torturas, fue asesinado el 24 de marzo de 1980 por un francotirador de un escuadrón de la muerte cuando terminaba su sermón en la capilla del Hospital de la Divina Providencia de San Salvador. Tenía 62 años. Cincuenta y un días antes, había pronunciado un discurso fascinante en Bélgica, que, con toda probabilidad, sentenció su vida. Había dicho:

En menos de tres años, han sido atacados, amenazados y calumniados más de cincuenta sacerdotes. Seis de ellos ya son mártires; los asesinaron. A algunos los han torturado y a otros los han expulsado (del país). También se ha perseguido a las monjas.[57] La emisora de radio de la archidiócesis y las instituciones educativas católicas o de doctrina cristiana

---

57 Esto sucedió antes de que cuatro misioneros católicos –tres monjas y una trabajadora laica– fueran violadas y asesinadas por cuatro miembros de la Guardia Nacional de El Salvador, el 2 de diciembre de 1980. "Four Salvadorans Say They Killed U.S. Nuns on Orders of Military" (Cuatro salvadoreños afirman haber asesinado a las monjas norteamericanas cumpliendo órdenes militares). (3 de abril, 1998). *New York Times*.

han sido atacadas, amenazadas, intimidadas e incluso, bombardeadas. Varias comunidades parroquiales han sido saqueadas. Si todo esto les ha ocurrido a representantes de la Iglesia, imaginen lo que le ha pasado a simples cristianos, como campesinos, catequistas, ministros laicos y comunidades eclesiales de base. Ha habido cientos, miles de amenazas, arrestos, torturas, asesinatos... Pero es importante señalar por qué ha sido perseguida [la Iglesia]. No se ha perseguido a un sacerdote cualquiera ni se ha atacado a una institución cualquiera. Se ha atacado y perseguido al sector de la iglesia que se ha puesto de parte del pueblo y ha acudido en su defensa. De nuevo vemos aquí la clave para entender la persecución a la iglesia: los pobres.[58]

El día anterior a su asesinato, el Arzobispo Romero hizo un llamamiento a los soldados salvadoreños para que, como cristianos, obedecieran las leyes superiores de Dios y dejaran de reprimir y violar los derechos humanos elementales en nombre del gobierno.[59] Sus sermones y discursos eran legendarios. Ya en 1973, pronunció: «La revolución social más profunda es la reforma interna seria y sobrenatural de un cristiano.»[60]

Hoy en día, innumerables grupos de la iglesia latinoamericana lo consideran santo patrono de las Américas y El Salvador, y es venerado por la Iglesia de Inglaterra y la Comunión anglicana en el Libro de Oración Común y por el Calendario Litúrgico Luterano. Se le representa entre las estatuas que hay sobre la Gran Puerta Oeste de la Abadía de Westminster en Londres.

El 24 de marzo de 2010, trigésimo aniversario del asesinato

---

58  Discurso de Óscar Romero en la Universidad Católica de Lovaina, Bélgica. 2 de febrero de 1980.

59  Salvador Archbishop Assassinated by Sniper While Officiating Mass (Arzobispo salvadoreño asesinado por un francotirador mientras oficiaba misa)( 25 de marzo, 1980) *The New York Times*.

60  Romero, O. (28 de agosto, 1973) La más profunda revolución social, *Diario de Oriente*, n° 30867.

de Romero, Mauricio Funes, presidente de El Salvador, presentó una disculpa oficial del gobierno por el asesinato. En un discurso dirigido a familiares de Romero, representantes de la Iglesia Católica Romana, diplomáticos y funcionarios del gobierno, Funes dijo que, desgraciadamente, los involucrados en el asesinato «actuaron con la protección, colaboración o participación de agentes del Estado».[61] Entre aquellos agentes, el alcalde neofascista Roberto D´Aubuisson,[62] fundador del partido ARENA (Alianza Republicana Nacionalista) así como líder y organizador de escuadrones de la muerte, fue declarado culpable de haber dado la orden de matar al arzobispo Romero.[63]

El año 1980 supuso un punto de inflexión para Estados Unidos en distintos frentes. Además de la generación «Silva» a la que se dejó en las sombras en el país cuando modificamos nuestra estructura migratoria (dejando a muchos fuera del sistema a partir del 1 de enero de 1977[64]), la política exterior de Estados Unidos dio bandazos entre los gestos de paz de Jimmy Carter hacia los sandinistas de Nicaragua y la guerra de los Contras de Ronald Reagan. Todo comenzó con la revuelta popular contra Anastasio Somoza Debayle, respaldado mucho tiempo por Estados Unidos, hasta que Carter maniobró su destitución pacífica y empezó a trabajar con los sandinistas.

Por otra parte, el presidente Ronald Reagan adoptó una política para desestabilizar Nicaragua porque se percibía a los sandinistas como una extensión de Cuba. En cualquier caso, el conflicto apoyado por Reagan propició un éxodo de soldados de la Contra nicaragüense hacia Estados Unidos. Mientras, una vieja lucha por la tierra cultivable en El Salvador en los años 60 y 70 desplazó a miles

---

61 (25 de marzo, 2010) Official El Salvador Apology for Oscar Romero's Murder (Disculpa oficial de El Salvador por el asesinato de Óscar Romero) *BBC News*. Recuperado el 30 de septiembre de 2019 de: http://news.bbc.co.uk/2/hi/8586560.stm

62 En mi novela histórica *El canto de los gallos de oro* (Trafford Publishing, 2006) hago referencia a la relación entre los líderes militares neofascistas de El Salvador y Argentina, en la década de 1980.

63 Webb, G. (1999). *Dark Alliance*. Seven Stories Press.

64 Los cambios en la legislación en 1976 dejaron aproximadamente un millón o más de mexicanos en las sombras.

de agricultores –se habla de alrededor de 350.000– que acabaron en México o en Estados Unidos. En la década de 1980 llegó una nueva oleada, cuando el ejército de la región era aprovisionado de armas por Estados Unidos. Hacia 1980, habían llegado a Estados Unidos 94.000 salvadoreños; en 1990 ya eran 701.000. En 1980 había 71.642 guatemaltecos; en 1990, 226.000.

La Ley de Legalización de 1986 (denominada de forma errónea como la Amnistía) absorbió a muchos de estos extranjeros, pero solo a los que llegaron antes del 1 de enero de 1982. Ocurrió lo mismo con la generación «Silva». Nadie sabe cuántos de estos refugiados «remanentes» y cuántos inmigrantes «Silva» forman parte de los aproximadamente 11 millones de indocumentados que hay hoy en Estados Unidos.

Si avanzamos hasta hoy... La situación que estamos viviendo recuerda la ola de refugiados de la década de 1980. Honduras, por ejemplo, es víctima reciente de la opresión gubernamental, tanto directa como indirectamente. Berta Cáceres, activista medioambiental indígena y líder de los derechos civiles del pueblo lenca de Honduras, que murió a manos de un escuadrón de la muerte el 2 de marzo de 2016, dijo: «¡Despertemos Humanidad! ¡Ya no hay tiempo! Nuestras conciencias serán sacudidas por el hecho de solo estar contemplando la autodestrucción basada en la depredación capitalista, racista y patriarcal». Su campaña popular obligó al mayor constructor de presas del mundo a retirarse de territorio lenca. Después de recibir el Premio Ambiental Goldman en 2015, un escuadrón de la muerte la asesinó a sangre fría. En tanto solo un año, 2014, fueron asesinados doce ecologistas en Honduras, lo que lo convierte en el país más peligroso del mundo entre los de sus dimensiones para los ecologistas que intentan proteger el ecosistema hondureño, como bosques y ríos.[65]

Para los políticos, no puede haber prueba más clara del cruel y opresivo régimen hondureño, aunque los altos cargos del gobierno

---

65 (3 de marzo, 2016) Berta Cáceres, Indigenous Activist, is Killed in Honduras (Berta Cáceres, activista indígena, asesinada en Honduras). *The New York Times*. Ver capítulo 12 de este libro que trata sobre el complejo militar- industrial de Estados Unidos.

no estén directamente involucrados en estos asesinatos. Su deber es frenar a los opresores. Asimismo, en la actualidad topamos con la mayor crisis humanitaria de las Américas en Venezuela.

Nací en Venezuela y fui educada allí y, puesto que tengo familiares y amigos sobre el terreno, sufriendo el cataclismo venezolano, tengo información que compartir. Por supuesto, no tengo todos los datos, pero los cinco millones de refugiados que han huido del país recientemente hablan por sí solos.

A pesar de que la economía venezolana era estable cuando yo era pequeña, el paisaje político estaba marcado por el caos. En los años inmediatamente anteriores a mi nacimiento, el experimento democrático de tres años llegó a su fin con el golpe de estado de 1948 que aupó al general Marcos Pérez Jiménez al puesto de dictador de Venezuela. Curiosamente, menos de un siglo después de que el presidente Abraham Lincoln liberara a los esclavos, su legado fue fundamental para devolver la libertad a los venezolanos. En una representación de *Lincoln Portrait* de Aaron Copland, la apasionada actriz Juana Sujo citó el Discurso de Gettysburg de Lincoln en presencia de Pérez Jiménez. El público la aclamó y comenzó a gritar contra Pérez Jiménez con tanta vehemencia que Juana Sujo no podía oír la música. Esta interrupción cacofónica se recuerda como la primera protesta pública contra la dictadura. No mucho más tarde, una revuelta popular puso fin al poder de Pérez Jiménez y la democracia regresó a Venezuela.

Ese periodo de inestabilidad política ocurrió cuando yo era muy joven así que no recuerdo casi nada. Sin embargo, tuve la suerte de crecer en una época en que la gente estaba entusiasmada con los primeros años de Venezuela como país democrático. El calor era asfixiante, pero el gobierno no. La gente comenzaba a paladear el empoderamiento por primera vez, quizás desde los días posteriores a la independencia de España.

Mis recuerdos giran en torno a la ciudad costera engalanada con flores donde vivíamos. Nuestra comunidad había sido fundada por la empresa petrolera para la que trabajaba mi padre. Allí teníamos todo lo que necesitábamos: familia, amigos, un vecindario seguro y comida en abundancia. Me resulta difícil conciliar la hambrienta Venezuela actual con el país de la abundancia de mi niñez –la Venezuela donde mi padre una vez me dijo que era hora de que dejara de comerme un pollo asado entero de una sentada porque tenía que «pensar en mi familia».

Entonces, ¿cuál es la historia de Venezuela? No hace mucho, Venezuela era la envidia de los países en vías de desarrollo, con grandes reservas subterráneas de petróleo y la población mejor instruida de Latinoamérica. Hoy, los venezolanos prácticamente no tienen alimentos, ni medicinas, dinero o transporte público. Muchos venezolanos, incluidos niños, se mueren de hambre. También están muriendo a causa de enfermedades curables porque no pueden conseguir las medicinas necesarias. Hasta el año pasado, un astronómico 82 %[66] de venezolanos cayó por debajo del umbral de la pobreza.[67]

Venezuela era una nación titánica que parecía económicamente insumergible. ¿Contra qué iceberg chocó? ¿Cómo pasó de ser uno de los países más ricos del mundo a uno de los más pobres y hambrientos en menos de 20 años? ¿Por qué los venezolanos carecen de la comida, las medicinas y el dinero que necesitan para sobrevivir? ¿Y cómo nos afecta esta dramática situación?

Vamos a examinar las raíces del desastre. Cuando contemplamos la historia de Venezuela, vemos que el punto de inflexión está en el momento en que los líderes de la nación la llevaron por un camino desastroso. Cuando Hugo Chávez accedió al poder en 1999, Venezuela era todavía uno de los mercados emergentes más ricos

---

66  Krygier, R. (7 de julio, 2017) Things Are So Bad in Venezuela That People Are Rationing Toothpaste (la situación es tan mala en Venezuela que la gente raciona la pasta de dientes). *The Washington Post*. Recuperado el 30 de septiembre de 2019 de: https://www.washingtonpost.com/world/things-are-so-bad-in-venezuela-that-people-are-rationing-toothpaste/2017/07/07/a11fb782-6197-11e7-80a2-8c226031ac3f_story.html

67  Mogolion, M. (5 de febrero, 2019) Food isn't just a dire need in Venezuela — it has become a major political tool (La comida no es solo una necesidad acuciante en Venezuela; se ha convertido en un instrumento político). Los Angeles Times. Recuperado el 30 de septiembre de 2019 de: https://www.latimes.com/world/la-fg-venezuela-food-20190205-story.html

del mundo. Pero desde entonces, la cantidad de moneda venezolana necesaria para comprar un dólar estadounidense en el mercado negro ha subido más de un 10.000.000 %. En otras palabras, el mandato de Chávez marca el principio del fin para la divisa venezolana y la clase media.[68] Desde su subida al poder, su sucesor Nicolás Maduro se ha aferrado tercamente a la política desastrosa de su predecesor, arriesgando las vidas y la salud de su propio pueblo de manera eficaz. Chávez y Maduro decidieron gastar sin control del fondo venezolano en lugar de invertir los beneficios cuando los precios del petróleo eran altos. Los miles de millones obtenidos en préstamo de otros países bajo el mandato de Chávez y Maduro acabaron en su mayoría en los bolsillos de funcionarios del gobierno y de sus amigotes, lo que empeoró la deuda e intensificó la crisis económica del país. Sus intentos de centralizar y controlar la producción y los servicios se han caracterizado por una nefasta gestión, ineficacia y corrupción que han destruido industrias, recursos y el PIB del país.[69]

En 2003, por ejemplo, Chávez despidió a 18.000 trabajadores de Petróleos de Venezuela, S.A. (PDVSA, compañía nacional de petróleos del país) por motivos políticos, y en 2007, expulsó a los expertos petroleros internacionales. Hoy, PDVSA produce tan sólo la mitad del petróleo que producía antes de que Chávez llegara al poder, y ese porcentaje cae mes tras mes. Pero los problemas reales de Venezuela tienen tintes más oscuros que la imagen que se transmite bajo la etiqueta de «mala gestión». De hecho, las pruebas demuestran que la nación está controlada por delincuentes y narcotraficantes.[70]

---

68  (2010) Chávez declara guerra económica a burguesía en Venezuela. El Universo.

69  Ramos, A. y Gutierrez, G. (31 de marzo, 2019). Venezuelans Struggle Amid Massive Blackouts, While Maduro Holds On (Los venezolanos entre enormes apagones, mientras Maduro resiste). NBC News, Latino. Recuperado el 30 de septiembre de 2019 de: https://www.nbcnews.com/storyline/venezuela-crisis/venezuelans-struggle-amid-massive-blackouts-while-maduro-holds-n988836

70  Córdoba, J. y Forero, J. (15 de mayo, 2015). Venezuelan Officials Suspected of Turning Country into Global Cocaine Hub (Funcionarios venezolanos sospechosos de convertir el país en centro de tráfico de cocaína). Wall Street Journal, Latino. Recuperado el 30 de septiembre de 2019) de https://www.wsj.com/articles/venezuelan-officials-suspected-of-turning-country-into-global-cocaine-hub-1431977784

Básicamente, los corruptos se han consolidado en el poder a los niveles más altos con la intención de esquivar las consecuencias de sus actividades ilegales. Ahora, en lugar de huir de la ley, ellos son la ley. Los señores de la droga dirigen la maquinaria del ejército y la economía nacional y les dan los medios para sembrar el caos no solo en su país, sino en las Américas.

En lugar de poner distancia entre él y su gobierno de los acusados por narcotráfico, Maduro los ha ascendido a cargos superiores. Por ejemplo, Diosdado Cabello, la segunda figura más importante del gobierno (se dice que maneja los hilos de la gestión de Maduro y que, es por tanto, la persona más poderosa del régimen), ha sido investigado por tráfico de drogas y por su papel directivo en el Cártel de los Soles, según el *Wall Street Journal*.[71]

El general Néstor Luis Reverol Torres y el expresidente Tareck Zaidan El Aissami Maddah son otros ejemplos de figuras que ocupan la cima de la pirámide del poder y que han sido relacionados con el tráfico de drogas. El general Reverol, comandante general de la Guardia Nacional –probablemente el puesto más importante en la seguridad interna de Venezuela– y ministro del interior, ha sido imputado en Estados Unidos por delitos relacionados con la droga. La imputación de Reverol se basa en que alertó a traficantes de droga de operaciones dirigidas contra ellos, bloqueó investigaciones, puso en libertad a narcos arrestados y se aseguró de que las drogas incautadas regresaran a manos de los traficantes.[72] La lista de altos cargos del gobierno que han participado directamente o aceptado sobornos para hacer la vista gorda al tráfico de drogas es demasiado larga para incluirla aquí.

Dada su vecindad con Colombia, el primer productor de

---

71  Ibid.
72  Unidad de Investigaciones de Venezuela. (2 de agosto, 2016). US Charges Former Venezuela Anti-Drug Officials with Cocaine Trafficking (Estados Unidos acusa de tráfico de cocaína a exoficiales de la oficina antidroga). InSight Crime. Recuperado el 30 de septiembre de 2019 de:
https://www.insightcrime.org/news/brief/us-charges-fmr-venezuela-anti-drugs-officials-with-cocaine-trafficking/

cocaína del mundo, no sorprende que Venezuela haya sucumbido a la tentación del dinero de la droga. Sin embargo, su papel en el tráfico de drogas ha cambiado con el paso del tiempo. En el pasado, los cárteles colombianos se encargaban del negocio dentro de Venezuela, sobornando a los militares de la frontera para que la cocaína entrara en el país. Recientemente, algunos miembros de la Guardia Nacional han adoptado un papel más activo en su asociación con los narcotraficantes en lugar de, simplemente, aceptar sobornos para mirar a otro lado. En la década de 1990, los ejércitos rebeldes narco-terroristas de las FARC (Fuerzas Armadas Revolucionarias de Colombia) y el ELN (Ejército de Liberación Nacional) se expandieron en Venezuela y empezaron a establecer fuertes lazos con funcionarios venezolanos, a menudo con el conocimiento y aprobación del entonces presidente Hugo Chávez.

El presidente Hugo Chávez dio un tremendo impulso al narcotráfico cuando expulsó a la Administración para el Control de Drogas (Drug Enforcement Administration, DEA) en 2005 alegando que estaban espiando al gobierno. Una vez que la DEA despareció de Venezuela, los esfuerzos antidroga del gobierno estadounidense en la región fracasaron. Como resultado de lo anterior, las organizaciones de narcotraficantes y el crimen organizado reforzaron sus operaciones en el país. Relaciones como la del Cártel de los Soles, grupo venezolano de traficantes compuesto por miembros de las fuerzas de seguridad, con las FARC pusieron los cimientos del narcotráfico actual.

Los países más cercanos a Venezuela, incluidos Colombia y países de América Central como Panamá, Guatemala y Honduras, han resultado profundamente afectados por estado mafioso venezolano. Como vecinos hemisféricos, México y Estados Unidos también han sufrido el embate de las olas de la tormenta en Venezuela. Los narcotraficantes venezolanos han movido cantidades incalculables de cocaína a través o dentro de estos países, incluido Estados Unidos. El narcotráfico aumenta la criminalidad y la violencia en las ciudades que toca. Además, la pobreza extrema y la delincuencia resultantes del problema de liderazgo de Venezuela han dado lugar a nuevas tendencias en las solicitudes de inmigración y asilo en todos estos países, lo que ha supuesto la necesidad de observar de cerca los motivos y valorar soluciones apropiadas así como las distintas acciones por parte de los países afectados.

No hay duda de que la corrupción venezolana está teniendo un impacto en las Américas. Debido a que Centroamérica sirve como pista de aterrizaje para los cargamentos de coca de Sudamérica, especialmente Venezuela y México, la violencia relacionada con la droga ha aumentado en la región, sobre todo en Honduras, Guatemala y El Salvador.[73]

El informe de Naciones Unidas sobre el crimen organizado en Centroamérica y el Caribe[74] explica que las severas medidas nacionales del año 2006 en México contra el narcotráfico hayan ampliado el frente de batalla de los cárteles y bandas hacia Honduras, Guatemala, Belice, El Salvador, Nicaragua y Costa Rica. Los narcotraficantes se aprovecharon del caos que siguió al golpe de estado de 2009 que expulsó del poder al presidente hondureño Manuel Zelaya –acontecimiento que alteró profundamente el panorama político, económico y social de Honduras. La destitución de Zelaya fue el detonante para una crisis política que interfirió con las iniciativas antinarcóticos de Estados Unidos.

En los días que siguieron al golpe, el gobierno estadounidense retiró millones de dólares en ayuda económica y militar y dejó de cooperar con el ejército y las fuerzas antidroga hondureños. Mientras el ejército y la policía hondureños se centraban en las repercusiones políticas del golpe, las organizaciones criminales, incluidas las del narcotráfico, descubrieron que Honduras había dejado la puerta abierta. En 2010, el 15 % de la cocaína transportada por vía aérea hacia Estados Unidos hacía una primera parada en Honduras y, debido a la naturaleza territorial del tráfico de drogas, convertía a

---

73  Martinez, P. (2 de Julio, 2013). Mapping the Presence of Mexican Cartels in Central America (Mapeando la presencia de cárteles mexicanos en Centroamérica) *InSight Crime*. Recuperado el 30 de septiembre de 2019 de: https://www.insightcrime. org/news/analysis/map-of-mexican-cartel-presence-in-central-america/

74  Ibid.

agricultores, rancheros y otros propietarios de tierra en traficantes.[75]

Una de las organizaciones que se coló por esta puerta abierta fue la red colombiano-venezolana dirigida por José Evaristo Linares Castillo. Las operaciones de contrabando de Linares trasladaban cargamentos de cocaína desde Venezuela a través de Honduras utilizando pistas aéreas clandestinas, aviones de un motor que llevaban una media de 500 kilos de cocaína, y aviones bimotores que podían transportar entre 800 kilos y una tonelada por vuelo. Este periodo post-Zelaya en Honduras fue testigo de la creación de una de las principales rutas de coca desde Sudamérica a Estados Unidos.

Con el aumento de la inestabilidad política y del crimen organizado, se produjo un aumento del peligro y la violencia para el hondureño medio. De hecho, en 2012, la tasa de homicidios en Honduras era la más alta de su historia,[76] con una media de 20 asesinatos notificados por día. La mayoría de estos asesinatos de jóvenes fueron perpetrados por miembros de la Mara Salvatrucha o bandas Barrio.[77] En los últimos años, solo el cuatro por ciento de los homicidios ha tenido condena –un problema que ha causado miedo, inseguridad y falta de confianza en la policía y otras figuras de autoridad. Como resultado del aumento de criminalidad inherente al narcotráfico y el incremento de la tasa de homicidios unido al alto nivel de pobreza, el flujo de inmigrantes de Honduras a Estados Unidos también aumentó durante este periodo.[78]

La historia es parecida en Guatemala. Al igual que Honduras, Guatemala es capital mundial del asesinato debido a la pobreza, el narcotráfico y las bandas juveniles que han surgido de las tres circunstancias anteriores. El narcotráfico está muy vinculado a los cárteles mexicanos, incluidos los de Sinaloa y Zetas, que utilizan

---

75    Martinez, P. (2 de Julio, 2013). Mapping the Presence of Mexican Cartels in Central America (Mapeando la presencia de cárteles mexicanos en Centroamérica) *InSight Crime*. Recuperado el 30 de septiembre de 2019 de: https://www.insightcrime. org/news/analysis/map-of-mexican-cartel-presence-in-central-america/

76    UNAH-IUDPAS. (Enero, 2013). Observatorio de la Violencia.

77    (Noviembre, 2015) Buscando una Vida Vivible. El Cotidiano.

78    Ibid.

países de Centroamérica como Guatemala, Honduras y El Salvador como puntos receptores de la cocaína sudamericana. Naciones Unidas informa de que Guatemala se ha convertido en el cuello de botella por el que pasa el 90 % de la cocaína destinada a Estados Unidos y transportada desde Venezuela por grupos mexicanos.[79]

Los países de Centroamérica están atrapados en el centro geográfico del contrabando intercontinental de droga. A medida que aumentan los delitos y la violencia inherentes al narcotráfico, los ciudadanos medios están más desesperados por abandonar sus países de origen. Es comprensible que madres y padres atrapados en un mudo tenebroso estén dispuestos a arriesgarlo todo para emigrar a Estados Unidos porque creen que aquí sus hijos estarán a salvo de bandas de narcotraficantes asesinos. Por tanto, si queremos hacer algo más que construir un muro para mantener a esas familias fuera de nuestro país, tenemos que buscar soluciones a los motivos de fondo por los que desean dejar atrás sus hogares.

Primero, debemos tener en cuenta que el narcotráfico en América del Sur y América Central se extinguiría casi por completo si los norteamericanos dejaran de comprar drogas a esas fuentes. Los norteamericanos con sus mayores clientes, razón por la cual pasan al norte miles de millones de dólares en drogas desde Venezuela y Colombia. A causa del deseo de los norteamericanos de colocarse, no solo se exponen nuestros vecinos del sur a más peligro, delincuencia y violencia, sino que también alimentamos el deseo de familias de América del Sur y Central de abandonar sus países violentos en dirección a la aparente seguridad de Estados Unidos, con la documentación adecuada o sin ella.

¿Cuál sería la solución adecuada a este problema? Es evidente que Estados Unidos y México, como países líderes del continente, deben buscar una solución conjunta. De hecho, México debería tomar la iniciativa por su familiaridad con Norteamérica y Latinoamérica.

---

79　Martinez, P. (2 de Julio, 2013). Mapping the Presence of Mexican Cartels in Central America (Mapeando la presencia de cárteles mexicanos en Centroamérica) *InSight Crime*. Recuperado el 30 de septiembre de 2019 de: https://www.insightcrime. org/news/analysis/map-of-mexican-cartel-presence-in-central-america/

Ciertamente, el problema tiene dos frentes. Uno es interno. El otro es internacional. Desde la perspectiva interna, ¿la despenalización de la droga sería la respuesta? ¿Acabaría la despenalización con el contrabando de droga? ¿O simplemente causaría más problemas a nivel interno? ¿Una mayor inversión en educación y formación laboral en Centroamérica y Sudamérica daría más oportunidades económicas a personas que, de pura desesperación, recurrirían al narcotráfico en busca de dinero? ¿Cuál sería la respuesta adecuada?

Cualquiera que sea, sabemos que aislar a México con un muro fronterizo no será la solución. No contribuye a abordar los motivos por los que la gente hará cualquier cosa por entrar en nuestro país. Necesitan su propio entorno para vivir. Como dijo la antropóloga norteamericana Margaret Mead: «Si destruimos el medio ambiente, no tendremos sociedad». Eso es lo que quiso decir Berta Cáceres cuando exclamó: «¡Despertemos Humanidad! ¡Ya no hay tiempo!»

# Capítulo 10

*Nunca dudes de que un pequeño grupo de ciudadanos reflexivos y comprometidos puedan cambiar el mundo; de hecho, eso es lo único que ha conseguido hacerlo.*
MARGARET MEAD, antropóloga cultural norteamericana

EL ESTADO NARCO de Venezuela abona todo el negocio de la droga, apoyándolo con recursos gubernamentales oficiales, incluido el poderío militar reforzado con la ayuda de China y Rusia. Al responder a la difícil cuestión de cómo detener el tráfico ilegal de droga, quizás Venezuela sea nuestra segunda prioridad, una vez que hayamos resuelto nuestros problemas internos de drogadicción. Para nosotros, en las Américas, ha llegado la hora de que un pequeño grupo de países afectados por el estado narco de Venezuela recurran a la Convención contra la Delincuencia Organizada Transnacional de Naciones Unidas (Protocolos de Palermo) para hacer frente al principal problema de Venezuela: un gobierno de criminales. Firmado en Palermo (Italia) en el año 2000, el Convenio de Palermo dicta que si la delincuencia atraviesa fronteras, también ha de hacerlo el cumplimiento de la ley. Si el estado de derecho es socavado no solo en un país sino en muchos, aquellos que defienden ese estado de derecho no pueden usar solo los medios nacionales. Tienen que actuar de manera transnacional.[80]

La Convención contra la Delincuencia Organizada Transnacional podría ayudar a las autoridades a acusar formalmente de graves delitos a Nicolás Maduro y a los principales funcionarios del régimen, lo cual permitiría que fueran arrestados por la Interpol o por Estados Unidos. El acuerdo acabaría con la inmunidad diplomática de figuras claves del régimen y daría pie a su detención y procesamiento en territorio extranjero. Cualquier país que haya firmado la Convención de Palermo puede ponerla en marcha, lo que significa que cualquiera de los países vecinos perjudicados por el acelerado deterioro de la situación en Venezuela puede iniciar el proceso. Los fiscales, jueces o gobiernos de los países miembros de la convención pueden abrir una causa y solicitar, de manera transnacional, la detención de Maduro, de miembros de su gobierno, del mando militar y otros implicados en conductas delictivas. El procesamiento de los líderes venezolanos sería un paso en la buena dirección en la lucha contra el narcotráfico y el crimen organizado que han puesto en peligro las vidas de nuestros vecinos del sur.

Sin embargo, debemos señalar que, aunque podemos achacar la mayor parte de la crisis venezolana a sus líderes, estos no se metieron en este desastre sin ayuda. En realidad, la ayuda financiera de sus aliados aumentó los problemas económicos del país debido a la manera corrupta en que se manejaron estos recursos.

Con su actitud propiciadora, los aliados de Venezuela le han permitido a Maduro seguir aferrado al poder a pesar de todos los años de desórdenes internos y la creciente presión internacional para que dimita. Su ayuda financiera y, en algunos casos, militar, ha favorecido el robo de fondos públicos y aumentado la deuda pública del país a unos niveles disparatados.

---

80 Martin, S. (4 de septiembre, 2017. International Effort to Declare Venezuelan Regime a Crime Organization, Requests Arrests through Interpol (Esfuerzos internacionales para declarar organización criminal al régimen venezolano solicitan arrestos a través de Interpol). *PanamPost*. Recuperado el 30 de septiembre de 2019 de: https://panampost.com/sabrina-martin/2017/09/04/international-effort-to-declare-venezuelan-regime-a-criminal-organization/

Los lazos de Venezuela con Rusia son ideológicos, militares y económicos. Venezuela debe de haber sido el único lugar fuera de Rusia y Cuba que celebró los cien años de la Revolución de Octubre. Durante su discurso, Maduro dijo: «Lenin, esta es tu gente. Trotsky, esta es tu gente». Para apoyar esta alianza, Rusia ha proporcionado armas, aviones de combate militares y miles de millones de dólares en préstamo a Venezuela. Recientemente, Rusia mantuvo dos bombarderos estratégicos Tu-160 a Venezuela durante varios días en lo que se percibió como precedente a una posible presencia militar a largo plazo. Para proteger sus inversiones en Venezuela, a Rusia le interesa la supervivencia de la dictadura de Maduro. Se dice que los servicios de inteligencia rusos, están listos para hacer frente a cualquier amenaza contra el régimen de Maduro.[81]

China ha sido otro apoyo económico importante y uno de sus mayores socios comerciales. En la última década, China ha prestado a Venezuela más de 70 mil millones de dólares, en su mayor parte para proyectos de desarrollo, a cambio de futuros cargamentos de petróleo. Los analistas financieros calculan que el régimen de Maduro le debe a China alrededor de 20 mil millones de dólares.[82]

El otro aliado, Cuba, dirige la infraestructura militar y civil. Los cubanos son los solados de infantería que protegen el régimen Chávez-Maduro. La alianza de Chávez con el expresidente cubano Fidel Castro, unida a las relaciones económicas, sociales y de cooperación con Cuba, socavó el intento de los Estados Unidos de aislar a Cuba. En el año 2000, Venezuela acordó suministrar a Cuba un tercio de sus necesidades petrolíferas con un 40 % de descuento complementado con un préstamo subsidiario por un valor estimado de 1.500 millones de dólares al año. Se estima que la ayuda venezolana a la economía cubana osciló entre 10 y 13 mil millones al año entre 2010 y 2013. A cambio, Cuba acordó enviar servicios de inteligencia y militares

---

81 Labrador, R. C. (5 de febrero, 2019) Maduro's Allies: Who Backs the Venezuelan Regime? (Aliados de Maduro: ¿Quién apoya al régimen venezolano?). Council for Foreign Relations. Recuperado el 30 de septiembre de 2019 de https://www.cfr.org/in-brief/maduros-allies-who-backs-venezuelan-regime

82 Ibid.

que, en la actualidad, trabajan en Venezuela para reprimir cualquier disidencia del pueblo, protegiendo al gobierno de Maduro de desafíos internos. Además, Cuba envía a Venezuela a civiles, como profesores, enfermeras y médicos para trabajar. Algunos solicitantes de asilo venezolanos en Estados Unidos me han informado de que los médicos cubanos se han negado a atender a pacientes que no apoyan el régimen de Maduro.

Estos médicos cubanos han sido utilizados por el gobierno venezolano en una estrategia de extorsión para mantenerse en el poder, lo que revela nuevas formas de colaboración criminal entre el régimen de Nicolás Maduro y Cuba. Los equipos médicos cubanos se envían a docenas de países de todo el mundo, sobre todo, a países en desarrollo. Pero los médicos de Venezuela explican cómo amenazan y chantajean a los pacientes, incluidos los enfermos crónicos, para que voten y apoyen a Maduro a riesgo de no recibir la medicación para seguir con vida si no lo hacen.[83]

El informe entrevistó a 16 médicos que huyeron de Venezuela y se refugiaron en distintos países de Latinoamérica. Declararon que les habían ordenado utilizar una serie de tácticas, desde meros recordatorios para votar por el gobierno hasta la negativa explícita a dar tratamiento médico a opositores con enfermedades terminales. Yansnier Arias, uno de esos médicos residente en Chile, afirmó que sus superiores cubanos y venezolanos le dijeron que el oxígeno se podía usar «como arma política... no para emergencias médicas... sino para administrarlo cuando se acercan las elecciones».[84]

Los líderes venezolanos y sus aliados han causado un grave perjuicio al pueblo de Venezuela. Es un pueblo atormentado, con una pobreza extrema, hambre y un aumento del nivel de criminalidad que es inherente a estas amenazas para la subsistencia. A causa de

---

83  Venezuela Investigative Unit. (22 de marzo, 2019). Cuban Doctors Used in Extortion Scheme by Venezuelan Government (Médicos cubanos utilizados en plan de extorsión por el gobierno venezolano). InSight Crime. Recuperado el 30 de septiembre de 2019 de: https://www.insightcrime.org/news/brief/cuban-doctors-used-in-extortion-scheme-by-venezuelan-govt

84  Ibid.

esto, los venezolanos han estado abandonando el país masivamente. Los expertos del Instituto Brookings han afirmado que la crisis de refugiados venezolanos va en camino de sobrepasar a la crisis de refugiados sirios.

En diciembre de 2018, más de cinco millones de venezolanos habían huido de su país, y el número sigue en aumento. El Instituto Brookings pronostica que el número total de refugiados venezolanos podría superar los ocho millones. La mayoría de los refugiados han encontrado un nuevo hogar en países vecinos, sobre todo en Colombia y Perú. «La gente se vuelve loca con la caravana de ciudadanos de América Central que entra en México, intentando llegar a Estados Unidos. Eso supone cuatro, cinco, tal vez seis mil migrantes, esa es la cantidad que recibimos cada cuatro días», declaró en diciembre a *Al Jazeera* desde Cúcuta, (Colombia) el padre Francesco Bortignon, que ha dado asilo a venezolanos.

Los países latinoamericanos que, en la actualidad, acogen a refugiados venezolanos, necesitan que otras naciones también abran sus puertas.

La estadística federal muestra que en la actualidad hay más venezolanos solicitando asilo en Estados Unidos que personas de ningún otro país. Tomás Paez, sociólogo de la Universidad Central de Venezuela que estudia los modelos migratorios del país, afirma que pocos disponen de 100 dólares para una solicitud de visado turístico, y mucho menos de 600 dólares para comprar un billete de avión, cuando un profesor titular como él gana el equivalente a un dólar al mes debido a la inflación.

La respuesta compasiva al problema de liderazgo en Venezuela es pensar en el bienestar de nuestros vecinos. Están atrapados en una situación terrible: el acceso a alimentos, medicinas, transporte y dinero no está garantizado. Muchos no tienen una salida, no pueden elegir ninguna opción. Están atrapados en un país moribundo. Es hora de tomar medidas drásticas y recurrir al Convenio de Palermo para procesar a Maduro y a sus principales colaboradores. El régimen de Maduro debe ser reemplazado para que Venezuela recupere su lugar como nación próspera y productiva. Mientras, el gobierno norteamericano debería conceder a los venezolanos el estatus de protección temporal (TPS, por sus siglas en inglés). El TPS les daría opción a un visado temporal para buscar refugio en Estados Unidos mientras su país de origen sea demasiado peligroso para vivir en él.

La expulsión de Maduro del poder sería una bendición para Venezuela y otros países. Si el crimen organizado y el narcotráfico dejaran de estar protegidos por los funcionarios del gobierno, sería más fácil terminar con las actividades ilegales. Si el narcotráfico y los actos violentos asociados a este se reducen, muchos menos vecinos nuestros sentirán la urgente necesidad de huir a Estados Unidos en busca de protección. Por el bien de nuestros vecinos y por el de nuestro sistema de inmigración, debemos pensar en soluciones centradas en los seres humanos para los problemas de Venezuela. Nuestros vecinos necesitan nuestra ayuda.

# Capítulo 11

Con sus actos, Thoth afirmó, "Así es como construimos la civilización. Construimos cosas tan sorprendentes que la gente hablará de ellas durante cientos y miles de años. La gente se pasará la vida intentando entender cómo fuimos capaces de construir lo que construimos. Construimos las cosas más hermosas del mundo."

AUTOR ANÓNIMO

A DÍA DE hoy, nos estamos centrando en los aspectos más oscuros de la migración internacional: miles de refugiados y tráfico de drogas y personas. A pesar de que la preocupación por nuestra propia seguridad es legítima, deberíamos mirar más de allá de cosas tangibles y buscar una visión más amplia que contemple la virtud y el potencial del presidente Trump –entendiendo, por ejemplo, la naturaleza de quién es él, en realidad: un promotor y constructor que dice querer oír la voz de la gente. «Estoy escuchando», dice.[85]

Cuando pienso en las cosas que él podría hacer, pienso en constructores legendarios de la historia; son inmortales porque nos hemos negado a olvidarlos. Estas figuras legendarias triunfaron en la creación de legados mayores que el tiempo y el espacio en que se originaron. Son extraordinarios. Tanto si Thoth (Egipto), Viracocha (Perú) y Quetzalcóatl/Kukulcán (México) fueron de carne y hueso y tuvieron alma como nosotros como si no, son y han sido reales en la

---

85 Trump, D. (2015). *Crippled America: How To Make America Great Again.* Threshold Editions, p. 142.

mente de personas de todo el mundo. Fueron dioses creadores.

Después del diluvio universal, estas figuras misteriosas se extendieron por el globo para escribir un nuevo capítulo de la historia del ser humano. Los fantasmas de estas leyendas todavía hoy vagan por la tierra, y nos atraen hasta los monumentos que dejaron para que rindamos homenaje a su memoria: las pirámides, las antiguas ciudades de piedra, las Maravillas del Mundo. Viajamos miles de millas para escuchar sus voces en el eco que rebota en los edificios que diseñaron o inspiraron.

Independientemente de cómo se originaron estas leyendas, han llegado a tener gran influencia en nuestro patrimonio cultural. Ni siquiera importa si en realidad existieron –como humanos o como dioses– si tenemos en cuenta su impacto en civilizaciones e individuos del presente y del pasado. Durante muchos años, las gentes han hablado de ellas en susurros, les han dedicado cantos devotos, han imitado sus valores morales y han estudiado sus historias y civilizaciones. A día de hoy son aún venerados.

En Egipto existen innumerables relatos sobre Thoth. Thoth, dios de la sabiduría, la magia, la ciencia, la filosofía, la escritura y la luna. En Grecia, Thoth era conocido como Hermes. Para los romanos, Thoth era Mercurio, el dios mensajero. En cuanto a Quetzalcóatl, conocido hoy como el dios serpiente emplumado de México, si nos basamos en el arte arquitectónico presente en Teotihuacán (100 a. C.), Xochicalco (200 a. C.), Chichén Itzá (750 a. C.), Tula (713 a. C.), Tenochtitlán (1325 a. C.) y otras fuentes históricas, podemos decir que fue el dios del urbanismo, la cultura y la civilización.[86]

En México,[87] Quetzalcóatl, también considerado héroe, rey arquetípico o sacerdote, dedicó su talento creativo a su región. Hay muchas leyendas sobre Quetzalcóatl, a veces contradictorias, ya que aztecas, toltecas y mayas (estos lo llaman Kukulcán) han transmitido diferentes versiones de la historia.

---

86  Carrasco, D. *Quetzalcoatl and the Irony of Empire: Myths and Prophecies in the Aztec Tradition*. University of Chicago Press, 1982.
87  O Mesoamérica.

Una leyenda cuenta que, después de que un gran diluvio destruyera la humanidad, Quetzalcóatl descendió al inframundo y devolvió los huesos de los humanos a la tierra. A partir de esos huesos, creó vida nueva. No solo reconstruyó físicamente a la humanidad sino que trajo a su pueblo la primera planta de maíz y les enseñó cómo sembrarla y cultivar la cosecha. El maíz sigue siendo hoy uno de los alimentos principales de Mesoamérica. Además, Quetzalcóatl transmitió a su pueblo valiosos conocimientos sobre arte, música, salud y cocina. En un momento dado, abandonó la ciudad tolteca de Tula y llevó un nuevo estilo arquitectónico a los aztecas.

Hoy en día, los muchos templos de siglos de antigüedad que honran a Quetzalcóatl o que han sido construidos siguiendo su estilo arquitectónico atraen a incontables visitantes de todo el mundo. Cada año en el solsticio de verano, la pirámide de Kukulcán en Chichén Itzá es invadida por muchedumbres apelotonadas que quieren a presenciar el casi mágico espectáculo de la sombra de la serpiente de Kukulcán que desciende la pirámide escalonada. Se cree que esta sombra con aspecto de dragón representa el regreso de Kukulcán. La presencia de esta sombra en la pirámide causa admiración porque los constructores prestaron tanta atención a los detalles que pudieron predecir con exactitud los ángulos del sol en un día concreto del año para poder recrear esa sombra a la perfección. Este tipo de construcción demuestra nuestro potencial para esculpir un legado poderoso en piedra, difundiendo de este modo la magia del constructor a través de los tiempos.[88]

Hoy en día casi nadie deja patrimonios tan poderosos. Incluso los presidentes de Estados Unidos pueden crear legados comparables con Quetzalcóatl o Viracocha, pero muchos de nosotros solo podemos nombrar unos pocos, aunque sus historias se originaron hace bastante poco. Ahora mismo, el presidente Trump podría seguir el ejemplo de las vidas de estos dioses si pretende dejar un legado. Tal y como está

---

88 Maestri, N. (3 de abril , 2019) Quezalcoatl—Pan Mesoamerican Feathered Serpent God (Quetzalcóatl –el dios serpiente emplumado mesoamericano) *ThoughtCo*. Recuperado el 30 de septiembre de 2019 de: https://www. thoughtco.com/quetzalcoatl-feathered-serpent-god-169342

la situación, los rescoldos del legado de Trump no resplandecerán por mucho tiempo. Su herencia estará marcada por la controversia y una colección de logros anodinos. Si el presidente Trump quiere ser venerado, tiene que construir proyectos transformadores. Tiene que abordar problemas complejos y mejorar nuestras vidas con soluciones creativas, sensatas y compasivas. Tiene que seguir el ejemplo de los antiguos.

Otro gran constructor de la antigüedad, Viracocha, era descrito como un hombre alto, con barba y piel clara que vestía una túnica blanca larga. Viracocha era el nombre de la entidad (lo han llamado tanto hombre como dios) que llevó la creación y la construcción a los Andes. Antes de Viracocha, se decía que los pueblos que habitaban la región andina (desde Perú a algunas partes de Chile) sabían muy poco de construcción. Además, la leyenda nos cuenta que Viracocha enseñaba arte, astronomía, agricultura y geometría para mejorar la vida de la gente. Algunos dicen que gracias al legado de Viracocha nació en Perú Machu Picchu, la ciudad clásica inca que surge de los picos de las montañas y descansa sobre las nubes, construida en 1450 a. C. Fabricada con enormes bloques de granito blanco, cortados con exquisito cuidado y ensamblados unos con otros sin cemento y de manera hermosa, se ha afirmado que las edificaciones de Machu Picchu representan uno de los mejores trabajos en piedra del mundo.

Uno de los complejos arqueológicos más icónicos e impresionantes del mundo, Machu Picchu fue elegida una de las Siete Maravillas del Mundo.[89] La visita al lugar hace que los turistas se pregunten: « ¿Cómo se pudo construir este lugar increíble sin tecnología moderna?» Provoca admiración. Su belleza en las alturas provoca una sensación de misterio. ¿Cómo pudieron aquellos pueblos antiguos llevar a término algo tan magnífico? Viracocha nunca habría sido recordado por aquellos que lo veneraron durante

---

89  (7 de julio, 2011). Machu Picchu: Cradle of Gold (Machu Picchu: cuna de oro) *World Archeology*. Recuperado el 30 de septiembre de 2019 de: https://www. world-archaeology.com/features/machu-picchu-cradle-of-gold/

siglos si su mayor logro hubiese sido mantener el mercado de valores un poco más alto que otros. *Un poderoso legado se construye con cosas mayores, con grandes acontecimientos como la unificación de los continentes, proporcionándoles paz y poniendo a todo el mundo a trabajar.* Muchos recuerdan el Plan Marshall porque eso fue exactamente lo que hicieron el general George Marshall y el presidente Harry S. Truman. Si el presidente Trump quiere dejar un legado valioso que la gente respete y recuerde, entonces tendrá que pensar y actuar a lo grande.

Antes de convertirse en presidente, Trump amasó su fortuna como constructor. No era un constructor cualquiera, era muy bueno. Construyó edificaciones extravagantes y palaciegas por todo el mundo. Lo conocemos gracias a las lujosas creaciones que lo convirtieron en un motor económico. Es multimillonario y, admitámoslo, es presidente porque tuvo mucho éxito fabricando espacios que eran, no solo estéticamente agradables (al menos a ojos de sus clientes), sino que también le proporcionaron una enorme cantidad de dinero. Fue un constructor de éxito que, conscientemente, eligió reflejar imágenes de belleza, prosperidad y abundancia económica en sus creaciones.

Ahora que Trump ha pasado del sector privado al público, ya no aplica de modo sistemático esta filosofía constructora. De hecho, podría sugerirse que sus planes de construcciones públicas consiguen los efectos filosóficos contrarios. Por ejemplo y por lo que sabemos, su propuesta de un muro fronterizo entre Estados Unidos y México no puede considerarse bonita ni por asomo. El muro en sí está pensado para desempeñar una función, pero con toda probabilidad nos hará daño a la vista. ¿Por qué habría de construir un muro feo el rey de las propiedades hermosas? Esta decisión estética no tiene sentido a la luz de su larga experiencia embelleciendo lugares.

Del mismo modo, el constructor Trump siempre ha sabido de la importancia y la dificultad de crear sitios que generan riqueza. Sí, Trump se endeudó y se arruinó más de una vez. Tuvo sus problemas. Pero, en última instancia, reconocía la importancia de la economía.

Por eso y a pesar de todo se hizo multimillonario. Si Trump entendía la importancia de hacer dinero y crear prosperidad y abundancia, ¿cómo es que ha renunciado a estos valores en sus proyectos para el muro fronterizo? Existen 1.500 comunidades en la frontera de Estados Unidos y México. Si el presidente Trump volviera a sus raíces como constructor con mentalidad económica, crearía riqueza y prosperidad en estas comunidades, lo cual beneficiaría a los Estados Unidos y a nuestros vecinos de México.

Como promotor inmobiliario, fabricó edificios con centros comerciales en la planta baja. Fabricó hoteles con casinos en su interior. Sus propiedades casi nunca obedecían a un único propósito. Obtenían los máximos beneficios y riquezas utilizando diversas fuentes de ingresos. Pero eso no es lo que está haciendo Trump con el muro fronterizo. El muro tiene un único objetivo no más sofisticado que los cercados para el ganado.

En lugar de esta visión simplista de propósito único, Trump podría volver a la gloria de sus días de constructor. Podría crear un espacio de usos múltiples a lo largo de la frontera que de verdad fomentara la actividad económica y las alianzas con nuestros vecinos en lugar de gastar la increíble suma de 18 mil millones de dólares de nuestro dinero público para no conseguir ninguna de estas valiosas metas. En un artículo de *New Yorker* de 1997, Trump afirmó: «Las cosas que mejor se me dan son los negocios y crear nuevas ideas. La prensa me retrata como un lanzallamas furioso. En realidad, soy muy diferente. Creo que me están retratando erróneamente.»[90]

Tenemos todos que reaccionar y exigir lo mejor de nuestro presidente. El hecho de que ya no tenga la necesidad de respetar sus principios sobre construcción y diseño es culpa del pueblo norteamericano por haber puesto el listón tan bajo. Por ejemplo, cuando se hizo una convocatoria de propuestas para el muro, se recibieron alrededor de 200 prototipos, muchos de los cuales eran

---

90  Singer, M. (19 de mayo, 1997). Trump Solo. *The New Yorker*. Recuperado el 30 de septiembre de 2019 de: https://www.newyorker.com/magazine/1997/05/19/trump-solo

estéticamente agradables y económicamente interesantes. Algunos eran bastante innovadores. Por ejemplo, el muro ideado por Advanced Warning Systems proponía un diseño que incluía agua corriente en un lado y paneles solares en el otro, con lo que se generaba electricidad que podría venderse a México para financiar la construcción. Esta propuesta también incluía la creación de un programa de trabajo de un año que daría una situación de legalidad limitada a inmigrantes indocumentados.

Una organización llamada Made Collective presentó una propuesta que habría creado una zona neutral entre Estados Unidos y México con infraestructuras compartidas y un sistema de transporte de alta velocidad a lo largo de la frontera conocido como *hyperloop*. La empresa Domo Architecture + Design presentó una alternativa estéticamente agradable que habría usado el paisaje natural de la frontera, protegiendo la naturaleza y haciendo innecesario el muro. Tanto particulares como empresas presentaron muchos otros conceptos innovadores para el muro y fueron rechazados.

Es momento de que nosotros, los norteamericanos, nos unamos para exigir algo mejor. Si tenemos que tener un muro, probablemente estaremos de acuerdo en que el diseño debería ser el mejor posible, por nuestro bien y por el bien de nuestros vecinos. Al presidente le importa lo que piensan sus votantes, así que vamos a levantar la voz y exigir ostentación y riqueza. Vamos a pedir un muro que cubra las necesidades de la gente afectada por la frontera. Vamos a poner a trabajar a todo el mundo. Queremos fronteras vivas, no fronteras muertas. Una frontera viva permite que la vida del entorno prospere. A nuestro entender, una frontera viva fomenta la salud y la riqueza de los humanos que la habitan, y también crea condiciones sanas para los animales. No oímos hablar lo suficiente sobre los problemas que un muro fronterizo físico causa a los animales.

Los desiertos, montañas y regiones templadas de la zona donde Nuevo México y Arizona se unen a México se encuentran en uno de los mayores paisajes protegidos de Norteamérica. A pesar de que está habitado por muchos animales y plantas, el agua es escasa en la zona.

Para encontrar el agua que necesitan para sobrevivir, los animales tienen que poder moverse libremente. «Los animales siempre siguen los patrones de lluvia», explica Scott Wilbor, director de ciencias de la conservación en Sky Islands Alliance, grupo con sede en Tucson. Los animales no pueden pasar ni por debajo ni por encima del muro. Si el agua se encuentra en el lado equivocado del muro, los animales morirán.[91]

De hecho, investigadores de la principal universidad mexicana, la Universidad Nacional Autónoma de México, sostienen que la alteración que causará el muro en las vidas de 800 especies animales como jaguares, osos negros, lobos grises, muflones y muchas especies en peligro de extinción, causará una «catástrofe natural».[92] El profesor Gerardo Ceballos explica que el muro impedirá a los animales disfrutar de un territorio al que han tenido acceso durante millones de años. Esta reducción de territorio dará como resultado una reserva genética limitada y una mayor reproducción endogámica, lo cual amenazará su salud y sus vidas. «La cooperación internacional con los Estados Unidos siempre ha sido fuerte en lo que se refiere a la conservación de la fauna, ya que ambos países ocupan una hermosa región con ecosistemas diversos en el centro de nuestro continente común», afirmó el profesor Ceballos. «Sería una verdadera lástima ver cómo este interés común se queda en el camino por culpa de la agenda política de Washington, D.C.»[93]

Debido a sus intereses comunes en la conservación, el Servicio Estadounidense de Pesca y Vida Silvestre ha trabajado desde hace tiempo en estrecha relación con la Comisión por la Biodiversidad de México (CONABIO). Una barrera física en la frontera amenaza las oportunidades de colaboración entre estas organizaciones para crear

---

91 Baverstock, A. (10 de octubre, 2017), Experts Warn 800 Species, Many Endangered, Affected by Border Wall (Expertos advierten 800 especíes, muchas en peligro de extinción, afectadas por el muro). Fox News Channel. *Wild Nature*. Recuperado el 30 de septiembre de 2019 de: https://www.foxnews.com/world/experts-warn-800-species-many-endangered-affected-by-border-wall

92 Ibid.

93 Ibid.

proyectos que protejan y preserven nuestra fauna. Por esto y por otras muchas razones, recomendamos que se haga un replanteamiento completo del plan para el muro. Un plan más inteligente sería más rentable. Un plan más prudente mejoraría las relaciones diplomáticas y vecinales. Un plan considerado tendría en cuenta la salud de los animales y el bienestar de personas desesperadas que necesitan un hogar más seguro.[94] Un plan que atendiera a todas estas cuestiones sería digno de los dioses constructores.

---

94  Carswell, C. (10 de mayo, 2017)., Trump's Wall May Threaten Thousands of Plant and Animal Species on the U.S.–Mexico Border: The region—called the Sky Islands—harbors more than 7,000 species, many of which struggle to cross human-made obstructions.(El plan de Trump amenaza a miles de species de flora y fauna en la frontera de Estados Unidos-México.) *Scientific American*. Recuperado el 30 de septiembre de 2019) de: https://www.scientificamerican. com/article/trump-rsquo-s-wall-may-threaten-thousands-of-plant-and-animal-species-on-the-u-s-mexico-border/

# Capítulo 12

*Se da el caso de que nuestro sistema está roto y nosotros*
*tenemos que arreglarlo.*
*Tenemos que hacer algo para cambiar la manera de hacer política,*
*y tenemos que empezar ahora.*
DONALD J. TRUMP

NO HAY DUDA de que las guerras civiles como la de Guatemala (1960-1996)[95] los gobiernos represores[96] en conflictos como en El Salvador (1979-1992) y los desastres naturales[97] han alimentado de manera constante el flujo de refugiados desde Sudamérica[98] y Centroamérica. En la década de 1980 llegó una gran oleada de refugiados que huían de países como El Salvador y Guatemala. Las

---

95  Navarro, M. (26 de febrero, 1999). Guatemalan Army Waged 'Genocide', New Report Finds.(Nuevo informe: genocidio «remunerado» del ejército de Guatemala). *The New York Times*. Recuperado el 30 de septiembre de 2019 de: https://www.nytimes.com/1999/02/26/world/guatemalan-army-waged-genocide-new-report-finds.html

96  Ibid.

97  El huracán Mitch (22 de octubre, 1998) fue el Segundo más mortífero del Atlántico con unas 18.000 víctimas, de las cuales 7.000 ocurrieron en Honduras y 11.000 en otros países de América Central.

98  Madrid, M. (12 de febrero, 2019). Trump is Tough on Venezuela-But Won't Let Venezuelans Into the U.S. (Trump es duro con Venezuela, pero no deja entrar a los venezolanos en EEUU). *The American Prospect*. Recuperado el 15 de agosto de 2019 de: https://prospect.org/power/trump-tough-venezuela-but-let-fleeing-venezuelans-u.s./ (24 de septiembre, 2014) The Bolivarian [Venezuelan] diaspora is a reversal of fortune on a massive scale (La diáspora bolivariana es un revés a gran escala). *El Universal*.

armas procedentes de Estados Unidos jugaron un papel importante en estos conflictos internos –algo parecido a lo que está ocurriendo en Oriente Medio a día de hoy. De 1981 a 1989, por ejemplo, Estados Unidos inyectó ayuda militar a El Salvador.

Los cambios en nuestras leyes de inmigración con las enmiendas de 1976 añadieron más extranjeros indocumentados a estas oleadas.[99] Dichas enmiendas cambiaron el cupo del hemisferio occidental de 160.000 tarjetas de residencia al año a 20.000 por cada país del hemisferio y 600 por cada colonia o área dependiente. Los extranjeros mexicanos que esperaban su turno según el sistema de cupos hemisférico tuvieron que aceptar las nuevas reglas del juego. Tal vez de forma involuntaria y debido a la inexistencia de legisladores expertos, Estados Unidos frenó el flujo de inmigrantes mexicanos acogidos a los criterios de idoneidad previos a 1977 cerrando de un portazo los cupos de preferencia.[100] Según los expertos, alrededor de un millón de mexicanos y sus familiares –muchos de los cuales vivían en Estados Unidos– se quedaron en las sombras. Algunos dicen que muchos de estos extranjeros eran antiguos braceros, asentados ya en el país. En resumidas cuentas, estos futuros inmigrantes desplazados pasaron a denominarse «la generación Silva». Los cuatro millones que se encuentran en lista de espera hoy (mencionados anteriormente), incluyen a muchos de los hijos –ahora con más de veinte años– de los «Silva».

Para colmo, unas leyes restrictivas ampliaron la definición de extranjeros «inadmisibles»[101] con el paso de los años: se referían a personas que no son criminales, lo que obliga a más mexicanos a quedarse en la sombra,[102] o a los que simplemente van a atender emergencias familiares o a visitar a padres ancianos en México mientras se les considera ilegales. Con toda probabilidad, este es

---

99  Enmiendas a la Ley de Inmigración y Nacionalidad de 1952.

100 Una cláusula de salvaguarda daba a estos inmigrantes una fecha de prioridad previa a 1977 si más tarde se aprobaba una petición de visado con estatus preferente.

101 Trato este tema y otros relacionados en mi novela histórica El camino del Señor Jaguar (AuthorHouse, 2009), especialmente porque estos temas afectan a las familias de los inmigrantes mexicanos.

102 Ibid.

el cambio más necesario debido a las dificultades extremas con las que las leyes abruman a las familias divididas por nuestra frontera.

La preferencia de Trump por la inmigración en cadena –o sea, la reducción de tarjetas de residencia solo a familias nucleares– aumentará el número de indocumentados. La inmigración basada «en el mérito» no va a arreglar nuestro sistema roto. La naturaleza de las familias no es «nuclear»; las familias son «extensas». Y la preferencia del presidente Trump por un sistema basado en el mérito representa un problema social especial con un vecino como México, donde las familias son extensas. Un muro fronterizo no va a separarlas. Lo que puede funcionar es un sistema práctico, realista y empático que tenga en consideración la importancia de la inmigración familiar en nuestra historia y la necesidad de aumentar el número de inmigrantes familiares sin la interferencia de los burócratas de Washington, DC.

Además, nuestras fronteras existen en un mundo virtual en el que las familias están más conectadas gracias a las redes sociales, disolviendo así las fronteras. Y la situación de *ilegalidad* –alguien que no tiene derecho a residir y trabajar en Estados Unidos– está basada en leyes hechas por el hombre. Las fronteras no son innatas, como lo es el género (aunque esto está cambiando) o el color de la piel. Lo cierto es que algunas cosas consideradas naturales están cambiando hoy en día. La situación migratoria es una situación cambiante sujeta a definiciones jurídicas y sociales. También vemos cómo esas definiciones y actitudes han cambiado en lo que se refiere al uso medicinal y recreativo de la marihuana y al matrimonio entre personas del mismo sexo. Así que, mientras asistimos a los cambios en los valores de nuestra sociedad, es necesario esperar cambios en las cuestiones migratorias. Lo mismo se aplica a nuestra política exterior.

Si otro objetivo es garantizar un entorno de trabajo seguro, ¿cómo lo conseguimos en un entorno dinámico? Los políticos y burócratas abordan este asunto como si la mayoría de las empresas contratantes fueran medianas y grandes corporaciones, cuando la realidad es bien diferente. Hay importantes razones por las que el 50 % de los trabajadores agrícolas en Estados Unidos son indocumentados.[103] Los legisladores federales nunca han tratado este problema de manera realista porque no entienden la naturaleza de la agricultura norteamericana. No saben cómo se ordeña una vaca ni lo que cuesta dirigir una granja. Mientras nos quejamos de estos trabajadores del campo, nadie ha explicado claramente quiénes son los once millones de extranjeros indocumentados que hay en Estados Unidos. Los políticos los etiquetan como «delincuentes» sin llegar a la etiqueta de «terroristas». Pero estos políticos no mencionan nunca a los trabajadores del campo indocumentados; ¿son delincuentes o miembros de un sistema de castas mal pagadas a las que hemos manipulado desde la Segunda Guerra Mundial?

Si la libre circulación de trabajadores en una red de estados es una prioridad, deberíamos empezar a pensar a escala regional: por ejemplo, que Estados Unidos, Canadá y México con socios comerciales. Tal vez es hora de que los estados se ocupen de dar un permiso a los trabajadores de la agricultura extranjeros por medio de un programa de cooperación con el gobierno federal. Los estados sintonizan más con realidades locales aunque tengan una opinión diferente sobre cómo deberían proteger sus recursos alimenticios.

Durante las negociaciones del Tratado de Libre Comercio de América del Norte (NAFTA, por sus siglas en inglés) la frontera era una zona limítrofe más que una fortificación. El Tratado, que se hizo efectivo en 1994, tenía la finalidad de reforzar el comercio regional, pero, de hecho, desplazó a miles de granjeros mexicanos al inundar México con cerdo y maíz de Estados Unidos.[104] A su vez, esos granjeros emigraron

---

103 Servicio de Investigación Económica. (Noviembre, 2018). Farm Labor Markets in the United States and Mexico Pose Challenges for U.S. Agriculture (Los mercados laborales agrícolas en EEUU y México plantean desafíos a la agricultura norteamericana).Recuperado el 30 de septiembre de 2019 de: https://tamw.ers.usda.gov/topics/farm-economy/farm-labor/#legalstatus

104 CNN (10 de octubre de 2009). Greenpeace Protests Genetically Modified Corn in Mexico [imported from USA](Protesta de Greenpeace por el maíz de México modificado genéticamente e importado de EEUU). Recuperado el 30 de septiembre de 2019 de: http://www.cnn.com/2009/WORLD/americas/10/20/greenpeace.mexico/index.html

a Estados Unidos, donde encontraron trabajo, y desbarataron lo que había querido conseguir la revolución mexicana de 1910: proteger y apoyar al pequeño granjero mexicano. La seguridad alimenticia era el objetivo principal de aquella revolución. México hizo una inversión política e institucional enorme para fijar un mecanismo de protección para la clase agrícola, principal fuente de migrantes a Estados Unidos.

La fortificación del muro fronterizo tras los ataques del 11 de septiembre proporcionó más empleos de construcción y mantenimiento a los trabajadores norteamericanos. Se afianzó una nueva economía, aunque insostenible, debido al creciente énfasis en la seguridad que simboliza el muro, aunque se pasaban por alto otras vías de entrada como aeropuertos y puertos marítimos.

El muro simbólico entre los Estados Unidos y México creado por los políticos perpetúa distintas actitudes impuestas por Europa desde 1492, cuando Colón, el enviado español, supuestamente descubrió América. Otro paradigma (modelo, patrón, modo de pensar, estándar) fue el de la conquista y la colonización. Otro, la clara división entre territorios inglés y español, etcétera. Y la lista sigue con las lenguas y las religiones. Los productos que retaron a los europeos a apropiarse de las Américas eran alimentos –maíz, tomates, aguacates, calabacines, cacao, pavos, arándanos, papas– cultivados desde hacia miles de años por los americanos antes de que Inglaterra o España siquiera existieran. Así que se supone que el muro nos va a dividir sin que se tenga en cuenta que se trata de una gran simplificación de una situación muy compleja, una línea que deja fuera los tamales –o cosas similares que nos conectan como continente– a no ser que los legisladores anglo-europeístas los prohíban y construyan refuerzos para protegernos de los traficantes de tamales.

La exagerada paranoia y la codicia están desbordando el pantano antitamales, erosionando nuestra reputación nacional como bastión de la democracia del mismo modo que el Muro de Berlín desgastó a la Unión Soviética. Esta es la realidad a pesar de los porosos controles del gobierno que supervisan millones de cruces fronterizos al año. Este movimiento entre norte y sur me recuerda una de las famosas citas del filósofo Heráclito: «No es posible bañarse dos veces en el mismo río», una cita que nos recuerda la naturaleza permanentemente cambiante de las cosas. Todo tiene un principio y un fin.

¿El muro podrá reducir significativamente el número de extranjeros indocumentados en Estados Unidos? ¿Y los millones de turistas que llegan a nuestros aeropuertos anualmente? ¿Podrá reducirlo el sistema penitenciario? ¿Cuáles son los costos de la asimilación? ¿Cuáles son los costos de los arrestos y encarcelamientos? ¿Quién es propietario del sistema penitenciario privado? ¿Qué políticos tienen intereses directos o indirectos en este dispositivo de seguridad?

¿Qué puede hacer Trump por todos los pueblos y ciudades hermanados (alrededor de una docena) a lo largo de la frontera con México? Estas ciudades hermanadas son un fenómeno que casi no existe en la mayoría de las fronteras norteamericanas. Son como gemelos, unidos por el mismo ADN, la misma historia, cultura, ecología y gastronomía. En Ambos Nogales, separadas por un muro de 14 pies, cruzar a México se ha convertido en un gran desafío en medio de las tensiones crecientes entre los ciudadanos de la región. El muro es como una serpiente de acero que cruza las colinas, indiferente a las vidas de sus habitantes. Recuerdo a mi abuela decir: «Si la vaca está de mal humor, no te bebas su leche»; o lo que es lo mismo, no va a salir nada bueno de esta situación.

Tenemos que superar nuestros miedos y autoengaños sobre la frontera mexicana. Es ilusorio porque nuestros mayores competidores son China, Oriente Medio y Rusia, no México. No hay nada que «entender» de México. México es nuestro vecino. Es ridículo asumir que tenemos más cosas en común con China, Oriente Medio y Rusia. Se está invirtiendo ingenio e inteligencia en polarizar las políticas que nos dividen en el continente, simplemente porque nos falta imaginación. Por tanto, señor presidente, apelo a su demostrada experiencia como experto promotor para transformar este diálogo en una nueva era para las Américas.

# Capítulo 13

> No tendremos miedo a negociar,
> pero nunca vamos a negociar con miedo.
> JOHN F. KENNEDY

DEBERÍAMOS SER PARTE de una solución transnacional y no militar en lugar de alimentar el complejo militar-industrial que dividirá y debilitará a las Américas. Por esta razón es importante que aquí, en Estados Unidos, sigamos el rastro del dinero. A veces no dedicamos el tiempo necesario a seguir las pistas dejadas por el intercambio de dinero en la política para descubrir a qué se dedican nuestros políticos y por qué. En este capítulo dedicaremos nuestro tiempo a seguir el rastro del dinero. Descubriremos que el muro de la frontera y la política migratoria no son solo una cuestión de seguridad para el pueblo norteamericano; en lugar de ello, el dinero desvelará que... en fin... que el dinero es la razón para construir el muro.

En su libro *Why Walls Won't Work*,[105] el profesor de la Universidad de California en Berkley, Michael Dear, explica el concepto del complejo industrial- fronterizo –término que usa para exponer la idea de que, como resultado de los negocios relacionados con la frontera, ha surgido una poderosa industria defensiva, pública y privada,

---

105 Dear, M. (2013). *Why Walls Won't Work-Repairing the U.S.-Mexico Divide.* (Por que las paredes no pueden funcionar-Reparando la division entre Estados Unidos y Mexico). Oxford University Press. Michael Dear es profesor en la Facultad de Diseño Ambiental en la Universidad de California en Berkeley.

relacionada específicamente con esta. Debido a este complejo industrial-fronterizo, algunas partes de la región se asemejan a una zona de guerra a pequeña escala. Hay helicópteros militares Blackhawk sobrevolando la frontera en misiones diarias. El paisaje está salpicado de torres, sensores de alta tecnología, drones y otra tecnología de vigilancia.

Además, el Programa 1033 del Departamento de Defensa de los Estados Unidos ha contribuido a una mayor militarización de la frontera. Este programa permite al ejército distribuir los excedentes de armas a departamentos estatales y locales. En 2013, el Programa 1033 envió alrededor de 450 millones de dólares en equipos militares excedentes a varias agencias, sobre todo a la Patrulla Fronteriza de los Estados Unidos, aunque también a policías locales y estatales. Distintas comunidades de todo el país recibieron rifles de asalto, gafas de visión nocturna, chalecos antibalas, aviones y lanzagranadas.[106]

Cuando estas tecnologías de vigilancia funcionan, ayudan a llenar los más de 250 centros de internamiento con inmigrantes que intentan cruzar la frontera sin la documentación adecuada. Algunos de estos centros de internamiento están gestionados por el gobierno y otros por empresas penitenciarias privadas y cobran a los contribuyentes cinco millones de dólares al día por alojar a los detenidos.

El complejo industrial-fronterizo es un gran negocio. ¿La construcción del muro? Existen promotores privados que se benefician de este trabajo. Cuanto más grande y más caro sea el muro, mejor para sus negocios. ¿Centros de internamiento de inmigrantes? Hay promotores privados que se benefician de su construcción. Cuantos más inmigrantes lleguen a estas cárceles privadas, mejor para sus negocios. Dado que las empresas privadas dependen de los beneficios derivados de sus contratos con el gobierno para proteger la frontera, la industria fronteriza tiene en mente algo más que la mera seguridad de los norteamericanos. Para asegurar un flujo constante de ganancias, compran a los políticos por medio de donaciones a sus campañas y así se aseguran de que sus negocios siguen siendo grandes negocios.

---

106 Ibid.

Uno de los mayores problemas derivados de la militarización de la frontera es la ruptura de alianzas productivas y cooperativas entre las comunidades fronterizas ubicadas a caballo entre Estados Unidos y México. Como advierte Michael Dear en su libro:

Las pujantes áreas de cooperación económica, cultural y social hoy están amenazadas por las restrictivas políticas de inmigración y seguridad norteamericanas, así como por la violencia que se extiende por la zona. El complejo industrial-fronterizo... está socavando la existencia misma de «la tercera nación que ocupa el espacio entre México y Estados Unidos».[107]

Las ciudades de Presidio (EEUU) y Ojinaga (México) son un ejemplo perfecto de comunidad cooperativa de frontera que se verá dañada cuando el muro las divida en dos partes. Suhuana Hussain escribe en el *Texas Tribune*[108] que Presidio y Ojinaga son dos mitades de una misma ciudad dividida por un río. Los residentes de Presidio disfrutan de los servicios de Ojinaga y cruzan el puente internacional para hacer compras. Además, tías, hermanos, padres y abuelos viven a ambos lados de la frontera. Por ejemplo, Liz Rohana vive en Presidio y trabaja en el Programa de Salud para Indigentes del Condado de Presidio-Brewster, pero su madre y su abuela viven en Ojinaga. Las dos municipalidades también cooperan entre sí.

En las noches de tormenta, cuando Presidio se queda sin electricidad, la ciudad de Ojinaga le presta la suya. Cuando el

---

107 Dear, M. (2013). *Why Walls Won't Work-Repairing the U.S.-Mexico Divide*. (Por qué los muros no arreglarán la división EEUU-México) Oxford University Press. Michael Dear es profesor en la Facultad de Diseño Ambiental en la Universidad de California en Berkeley.

108 Hussain, S. (9 de octubre, 2018). How "The Wall" Could Kill a Texas City (Cómo el muro podría acabar con una ciudad de Texas). *The Texas Tribune*. Recuperado el 30 de septiembre de 2019 de: https://www.texastribune.org/2018/10/09/presidio-wall-texas-border-mexico/

vertedero de Ojinaga se quemó, el departamento de bomberos voluntarios de Presidio cruzó rápidamente el Río Grande para ayudar. Las dos ciudades no solo están unidas por la buena voluntad de sus comunidades –han firmado acuerdos de mutua cooperación para responder a las amenazas para la salud pública y la seguridad.[109]

Sobra decir que los residentes de Presidio y Ojinaga están molestos ante la futura división que traerá el muro. Militarizar su comunidad y dividirla por la mitad, en su caso, no tiene sentido.

Para las comunidades con una relación cordial que están a medio camino entre los Estados Unidos y México, un muro físico, en realidad puede causar desavenencias. La psicología nos enseña que, a menudo, los individuos perciben como enemigos a aquellos que no forman parte de su mismo grupo. La rivalidad surge cuando las líneas entre grupos se dibujan con claridad.

Por otra parte, la gente tiende a sentirse conectada con los que son iguales. Muchas personas sienten que son «parte de» determinada raza, género, tendencia sexual, religión, asociación de alumnos, equipo de fútbol, etcétera. Al levantar un gran muro entre grupos, nuestros legisladores de Washington, DC, están gritando por megafonía: «Pertenecemos a grupos diferentes». El muro enfatiza la idea de nosotros contra ellos. El muro es un símbolo físico de la división entre pueblos, una expresión de mentalidad enemiga. El complejo militar-industrial se nutre de esta mentalidad.

¿Cómo se militarizó la frontera? Después del 11 de septiembre, la administración Bush concedió contratos a una serie de corporaciones privadas, entre ellas, la Corrections Corporation of America, Boeing, el grupo GEO y Blackwater, a cambio de entrenamiento y servicios de seguridad, centros de internamiento privados y servicios de deportación, todo lo cual aceleró la militarización de la frontera. Hoy en día, los residentes de la frontera se refieren a esta zona ocupada como un estado policial. Con la construcción de vallas físicas y

---

109 Ibid.

virtuales, las comunidades han sido y son desmenuzadas, divididas en pedazos desconectados.

¿Y cómo no iban a separarnos los muros? Las barreras físicas que conocemos incluyen estructuras feas como el muro entre Israel y Palestina y el Muro de Berlín. Son los muros de la guerra. ¿Queremos lo que tienen Israel y Palestina? ¿Queremos lo que tenía Berlín? No, sin duda tenemos una mejor visión de futuro.

Cuando hablamos del complejo industrial-fronterizo y de las empresas que se benefician de la construcción del muro, parece que nos hemos olvidado de lo que realmente importa: las personas. Nuestro sistema da un trato preferente a las corporaciones frente a los individuos. Elizabeth Vallet del Centro de Estudios Geopolíticos explica muy bien el problema:[110]

Ahora el estado-nación sirve a esta clase corporativa transnacional en la cual las empresas pueden cruzar la frontera libremente, pero las personas no. Si tengo una empresa minera, puedo abrir una sucursal en México sin problema. El sistema me acoge. Pero si soy un miembro desplazado de la comunidad porque yo y mis hijos hemos empezado a beber cianuro procedente de los productos químicos de la compañía minera, algo que ha ocurrido muchas veces en el hemisferio sur, y cruzo a Estados Unidos –entonces son un criminal. Así está configurado el sistema.[111]

En lo que respecta a nuestro sistema, debemos reformularlo. Es hora de abandonar las normas políticas manifiestas y las no tan obvias lagunas que colocan al dólar y los negocios en un puesto más alto que las personas a las que supone que debe servir el sistema. Nuestro

---

110 (3 de julio, 2017). Border Walls are Ineffective, Costly and Fatal— But We Keep Building Them (Los muros fronterizos son ineficaces, caros y letales –pero seguimos construyéndolos). *The Conversation.* Recuperado el 30 de septiembre de 2019 de: http://theconversation.com/ border-walls-are-ineffective-costly-and-fatal-but-we-keep-building-them-80116
111 Ibid.

sistema despiadado demanda políticos que ganen dinero para acceder o mantenerse en el poder; si no hay dinero, no pueden hacer campaña. Los individuos y las empresas adinerados que pueden permitirse pagar a grupos de presión, organizar y asistir a actos políticos millonarios y hacer donaciones a campañas esperan haber pagado para tener voz en la política. Si los políticos no cumplen los deseos de los donantes, saben que podrían perder las donaciones futuras que necesitarían para seguir en el cargo. Hasta que no tengamos una reforma significativa de la financiación de campañas y apartemos el dinero de la política, presenciaremos cómo algunos políticos apoyan políticas migratorias a menudo sesgadas e ilógicas porque están en deuda con sus donantes.

Cuando seguimos el rastro del dinero encontramos que las entidades privadas que se lucran con el complejo industrial-fronterizo han donado y fomentado el crecimiento de esa industria. Han trabajado para promover una legislación y una política que lleva apareados proyectos de frontera de alto coste. Hasta ahora, sus esfuerzos para hacer crecer el complejo industrial de la frontera han tenido éxito. De hecho, los norteamericanos demandan ese muro multimillonario a pesar de que la inmigración mexicana a los Estados Unidos ha ido disminuyendo de manera drástica en los últimos años. La cifra de inmigrantes mexicanos dejó de crecer en 2010 y comenzó su declive en 2014. Entre 2016 y 2017, la población de inmigrantes mexicanos se redujo en 300.000.[112] Los especuladores de la industria fronteriza nos han convencido de que tenemos que tomar medidas drásticas para parar un tren que ya estaba a punto de detenerse.

Como manifiesta el congresista de Arizona Raúl M. Grijalva, los grupos de presión empujan con fuerza para mantener y ampliar programas de inmigración que no son necesarios. «Se ha creado una dependencia mutua entre la industria y el Departamento de Seguridad Nacional», dice. «Y esa industria… se está convirtiendo en un grupo muy poderoso en las altas esferas. Hay peticiones de más

---

112 Batalova, J. y Zong, J. (11 de octubre, 2018). Mexican Immigrants in the United States. (Inmigrantes mexicanos en Estados Unidos). Migration Policy Insitute. Recuperado el 30 de septiembre de 2019 de: https://www.migrationpolicy.org/article/mexican-immigrants-united-states

infraestructura, más tecnología y más mano de obra para alimentar el negocio de la frontera».[113]

Un grupo de compañías del negocio industrial fronterizo invierten grandes inversiones en presiones porque obtiene recompensas financieras en la medida que la política migratoria se haga más dura y estricta. Las empresas de prisiones más importantes del país, CoreCivic y GEO Group, ven los beneficios de los millones de dólares que invierten en las prisiones cuando sus centros de internamiento reciben más inmigrantes.[114]

Media docena de grandes proveedores militares, incluidos Raytheon, Lockheed Martin, Boeing, Northrup Grumman y General Dynamics han concursado y obtenido contratos con el Departamento de Seguridad Nacional por un valor de mil millones de dólares. Solo Lockheed Martin, Boeing, Northrup Grumman y Raytheon han supuesto el 40 % de contribuciones políticas al sector de defensa, aportando a sus candidatos un total de 42 millones de dólares. En el ciclo político de 2016, hicieron una contribución de casi 12 millones, esto es, el 41 % de las donaciones del sector. La mayor parte de ese dinero fue a beneficiar a políticos que apoyaban duras políticas migratorias y un aumento en el gasto de defensa.[115] Los esfuerzos de estos grupos de presión son a veces tan efectivos que se consiguen contratos para productos que no son necesarios, como afirma Eric Lipton en un artículo del *New York Times*:

---

113 Robbins, T. (12 de septiembre, 2012). U.S. Grows an Industrial Complex Along the Border. (EEUU fabrica un complejo industrial en la frontera). National Public Radio. Recuperado el 30 de septiembre de 2019 de: https://www.npr.org/2012/09/12/160758471/u-s-grows-an-industrial-complex-along-the-border

114 National Network for Immigrant and Refugee Rights (Noviembre, 2017) Wall Street's Border Wall—How Five Firms Stand to Benefit Financially from Anti-Immigration Policy (El muro de Wall Street. Cómo cinco empresas obtienen beneficios económicos de la política antimigratoria). Recuperado el 30 de septiembre de 2019 de: https://www.nnirr.org/drupal/sites/default/files/border_wall_final.pdf

115 Lipton, E. (3 de junio, 2013). As Wars End, a Rush to Grab Dollars Spent on the Border. (Terminan las guerras; carrera para adueñarse de los dólares gastados en la frontera) *The New York Times*. Recuperado el 30 de septiembre de 2019 de https://www.nytimes.com/2013/06/07/us/us-military-firms-eye-border-security-contracts.html

> General Atomics, representada por [el antiguo senador y actual miembro del lobby] Al D'Amato, tiene tanto apoyo en el Congreso que, en años recientes, ha presionado al Departamento de Seguridad Nacional para comprar más drones Predator de los que el personal del Departamento puede manejar, así que a menudo se quedan sin utilizar, según una auditoría.[116]

Si estos son los problemas, ¿cuáles serán las soluciones necesarias para impulsarnos al mejor futuro posible? Quizás no haya soluciones perfectas. La política migratoria es muy compleja y no sería realista sugerir que existen soluciones fáciles para los problemas a los que nos enfrentamos. Sin embargo, dejo aquí algunas ideas que, si se ponen en marcha con sentido común, podrían acercarnos al futuro que queremos.

Fomentar la cooperación local. Las ciudades hermanadas de la frontera tienen que funcionar en equipo para alcanzar soluciones eficaces y creativas para los problemas que afligen a ambos lados de la frontera. Mientras el muro separa bruscamente a comunidades en la línea divisoria entre los Estados Unidos y México, la existencia de comunidades locales más fuertes y decididas a cooperar es indispensable. Por ejemplo, los distritos escolares de las comunidades podrían elaborar planes de estudios que formasen al alumnado en resolución de problemas, diseño de proyectos e interacción con los residentes al otro lado de la frontera.

Limpiar las zonas ocupadas de la frontera. Por la manera en que se ha tratado a las comunidades de la frontera, parece que el gobierno de los Estados Unidos se preocupa poco por las personas que viven en estos lugares. Las zonas ocupadas cercanas a la frontera a menudo parecen «lugares de una catástrofe o proyectos de construcción inacabados».[117]

---

116 Ibid.

117 Dear, M. (6 de diciembre, 2017).An 8-Point Plan to Repair the U.S.-Mexico Border. (Plan de 8 puntos para mejorar la frontera EEUU-Mexico). *Huffpost.* Recuperado el 30 de septiembre de 2019 de: https://www.huffpost.com/entry/8-point-plan-to-repair-the-us-mexico-border_b_8473758

Los residuos de la frontera militarizadas incluyen vallas y paredes, diques, iluminación de estadios, torres de vigilancia, conducciones de aguas, señalización invasiva, vertederos, drones, carreteras de acceso construidas a medida, zonas de almacenamiento, aparcamientos, controles internos, innumerables coches patrulla, patrullas armadas a pie, remoción de tierras a gran escala, almacenes y montañas de basura. Por el bien de los habitantes de la frontera, el gobierno estadounidense y los órganos competentes deben arreglar lo que han estropeado, incluido el daño medio ambiental causado por la construcción del muro.

Fomentar el desarrollo económico. El muro pone en peligro la vitalidad económica de las comunidades fronterizas. Desde la perspectiva del gobierno de los Estados Unidos, esas comunidades y las tierras a lo largo de la frontera no son más que los espacios para instalar un muro y controles de inmigración. Nuestros dirigentes han perdido de vista el potencial de estas regiones como comunidades prósperas que podrían atraer ingresos por el turismo. Además de arreglar los destrozos causados por las agencias federales y los promotores (como ya mencionamos), nuestros dirigentes deben estudiar cómo invertir en infraestructura que cubra las necesidades de las personas que viven a lo largo de la frontera.

Además, las regiones fronterizas tienen que crear una nueva imagen. En lugar de hacer que la frontera parezca un lugar temible en el que pasan cosas malas, se debería presentar una nueva imagen que promueva la idea de estas comunidades como epicentros de un dinámico intercambio cultural. Puesto que los cruces fronterizos son lugares a los que acude mucha gente por necesidad, deberían transformarse en destinos apetecibles en los que uno puede divertirse, comprar, comer y desarrollar actividad económica. En beneficio de los locales que viven a lo largo de la frontera, tenemos que imaginarnos lo fantásticos que pueden llegar a ser estos sitios. El gobierno federal ha bloqueado de muchas formas el potencial económico de estas zonas. Es hora de solucionar este problema.

Rediseñar el objetivo del muro. Si el muro tiene que estar (aunque no debería), entonces tenemos que poder redefinir su objetivo. Si va a existir un muro, tiene que servir para algo más que para dividir y bloquear. Entre las propuestas enviadas para su diseño, había varias ideas muy imaginativas con las que podría desempeñar múltiples funciones. Por ejemplo, una propuesta apuntaba a la construcción de un sistema de transporte *hyperloop* que funcionara con parques solares y otra sugería la creación de un tren monorraíl cuyos beneficios se repartieran entre Estados Unidos y México. Otras ideas eran la creación de una reserva natural gestionada por los servicios de los parques nacionales de los dos países –proyecto que generaría ingresos derivados de senderistas y campistas– y un muro que generase energía solar. Aunque estas propuestas no resulten prácticas en algunos aspectos, se distinguen por el esfuerzo de imaginar un muro que sirva de algo a las personas. Estas propuestas innovadoras se centran en generar beneficios económicos y en ofrecer ventajas a grupos de accionistas, incluidos residentes, turistas y/o contribuyentes.

Es hora de poner a las personas primero. Queremos que el presidente Trump recuerde que su legado irá unido a cómo trate a su gente, su familia nuclear (los norteamericanos) y su familia extensa (los pueblos de las Américas). Dentro de unos años, cuando los historiadores reflexionen sobre su mandato, nadie estará encantado con el dinero que hizo ganar a Raytheon y Lockheed Martin. Nadie se sentirá inspirado por un presidente que antepuso empresas frías y sin vida a los corazones palpitantes de su familia americana. El jurado compuesto por nuestros descendientes condenará a Trump por destruir a nuestra familia y por llenar los bolsillos de las empresas con los proyectos de la frontera, cuando podría haber invertido en proyectos mucho más importantes para generaciones presentes y futuras.

Por eso invitamos al presidente Trump a sentarse a la mesa puesta para la familia de las Américas. Serviremos tamales, el alimento que representa una historia de unión familiar, vecinal y comunitaria. Le pediremos que nos mire a la cara, a nuestros rostros blancos, morenos, negros y amarillos y le recordaremos que él es el patriarca de nuestra familia americana. Nosotros, madres y padres, le pediremos que mire a nuestros hijos, que escribirán sobre su legado y lo difundirán en el tiempo. Por último, le pediremos que disfrute de esta comida sagrada con nosotros, en recuerdo de los mexicanos y los ciudadanos de otros países que forman parte de la Gente del Maíz, gente que plantó el maíz, cosechó las judías y recolectó los tomates, ingredientes de esta comida en nuestra mesa. Juntos, somos mucho más fuertes. Juntos, somos la familia americana.

# Capítulo 14

*De lo único que debemos tener miedo es del propio miedo.*
FRANKLIN D. ROOSEVELT
(Discurso de toma de posesión, 4 de marzo de 1933)

EN LOS ÚLTIMOS años, las discusiones sobre política migratoria se han centrado en el equívoco de que los inmigrantes dañan a nuestro país. Según muchos grupos antiinmigración, los inmigrantes quitan empleos a los norteamericanos. El argumento principal es que roban el dinero de nuestros impuestos por el uso de Medicaid y cupones para alimentos. Nos privan de nuestro sentimiento de seguridad y protección. Por otra parte, los grupos proinmigración se centran en dar una respuesta demasiado compasiva a estos argumentos. Los defensores de la inmigración tienden a hablar de compasión hacia nuestros vecinos.[118] Hablan de inmigrantes individuales, con el objetivo de ayudarnos a entender y empatizar con los que intentan escapar de una mala situación y crear una vida mejor y más segura para ellos y sus familias.[119] Aunque sin duda se necesitan más compasión y empatía en el debate migratorio, hay una falta de comunicación entre estas dos posiciones que hay que superar para poder promover un entendimiento auténtico y profundo. Cuando escuchamos lo

---

118 Yglesias, M. (12 de agosto, 2019). Immigration Makes America Great (La inmigración devuelve la grandeza a América). *Vox*. Recuperado el 30 de septiembre de 2019 de: https://www.vox.com/policy-and-politics/2017/4/3/14624918/the-case-for-immigration
119 Ibid.

que dicen los expertos sobre el futuro, no debemos preocuparnos por lo que creemos que los inmigrantes podrían quitarnos. También podemos ir más allá del argumento de la compasión. En un futuro cercano, empezaremos a entender en qué manera los inmigrantes podrán sumar a nuestro país.[120]

La atención de este alegato final se centra en redefinir el relato migratorio, pasando de la mentalidad actual de escasez a una futura mentalidad de abundancia. Al final, los modelos económicos nos muestran que necesitamos que se establezcan en Estados Unidos más inmigrantes para poder hacer el país económicamente más fuerte. Su presencia, por tanto, debería ser bienvenida, no solo porque sea la actitud compasiva que hay que tener, sino también porque ellos nos ayudarán a seguir siendo competitivos en el mundo.

Es importante evaluar cómo nos juzgamos unos a otros. Cuando los grupos proinmigración escuchan a los grupos antiinmigración enumerando todo lo que los inmigrantes quitan a los norteamericanos, lo interpretan como una falta de humanidad y de amor. No puedo nombrar la cantidad de memes proinmigración que he visto este año en Facebook que hablan de que deberíamos querer a nuestros vecinos e insinúan que los defensores de duras prácticas antiinmigración no están cumpliendo con su deber cristiano. Sé a qué se refieren. Expulsar a personas necesitadas y dividir familias a la fuerza como se está haciendo en la frontera de los Estados Unidos y México no es un acto de amor.

Puesto que los grupos que defienden la inmigración consideran que las leyes y prácticas migratorias son inhumanas, les resulta difícil ver percibir como personas afectuosas y cariñosas a quienes están en contra. En su lugar, los perciben como individuos crueles y fríos que no se preocupan por los demás.

Pero, ¿es esta una suposición cierta o justa? ¿Es correcto presuponer que aquellos que quieren leyes migratorias estrictas son personas crueles y frías? No lo creo. No importa de qué creencia o idea estemos hablando, siempre habrá algunos defensores individuales que sean

---

120 Ibid.

crueles o fríos. Pero, ¿la mayoría de los activistas y simpatizantes antiinmigración eligen este posicionamiento porque son malas personas sin corazón? No necesariamente.

Personalmente, creo que se necesita mucha más compasión en el diálogo sobre inmigración, y creo que el mensaje del cristianismo y de otros muchos líderes religiosos del mundo, incluidos Krishna, Buda y Mahoma está fundado en la compasión y el amor hacia los otros. Sin embargo, según mis observaciones, parece que hay una separación entre los que se declaran anti y proinmigración derivada de las diferentes definiciones de «los otros» y «los vecinos». ¿A quién se supone que debemos querer? ¿Quiénes son nuestros vecinos? Los defensores de duras leyes en contra de los inmigrantes podrían tener un círculo o grupo muy cerrado con el que se identifican. Para ellos, «los otros» y «los vecinos» pueden incluir a su familia, amigos y otros grupos con los que se identifican, como compañeros de trabajo, miembros de la comunidad o conciudadanos. Puede que quieran mucho a este grupo y que cualquiera que esté fuera de ese grupo se pueda percibir como una amenaza muy real. Su actitud al excluir a los que no están dentro de su círculo no es, necesariamente, cruel o inhumana; su principal motivación es proteger a sus seres queridos. Al afirmar esto, no quiero maquillar el comportamiento cruel e inexcusable de los que rechazan la inmigración. Su motivación puede ser el amor por su círculo íntimo, pero su comportamiento hacia los que están fuera de ese círculo puede ser inapropiado.

Por el contrario, los que adoptan una postura favorable a la inmigración pueden percibir a «los otros» con los que se identifican como un grupo más amplio, que a veces engloba a todos los seres humanos. Al defender los derechos de los inmigrantes, tiene la idea de que también protegen y cuidan a sus seres queridos porque los consideran vecinos y los incluyen en su círculo íntimo.

Entonces, a un nivel más profundo, existe una motivación común para ambos grupos: el amor. El amor empuja a los grupos antiinmigración a querer proteger a sus seres queridos al excluir a los extraños que se perciben como amenaza y, también el amor, empuja a los grupos proinmigración a querer abrir las puertas e invitar a todos a nuestro país. Cuando entendemos que es el amor –y no la crueldad o la frialdad de unos, o la ingenua y fanática ideología de otros– lo que justifica nuestra decisión de apoyar una postura u otra respecto a las políticas migratorias, encontramos algo en común que podría ayudar a disipar la ira existente entre ambos grupos. Con una mejor comprensión del otro, hay muchas posibilidades de mostrarnos abiertos a una comunicación productiva en la que se disipen mitos y falsedades y se dé paso a una política migratoria sólida, basada en la lógica, la investigación y la compasión.

Existen muchos mitos y falsedades en torno a los inmigrantes. Por ejemplo, mitos y falsedades que alimentan los miedos relacionados con la delincuencia y el empleo entre los segmentos más conservadores y opuestos a la inmigración. Algunos conservadores argumentan que los inmigrantes son una amenaza porque introducen drogas y crímenes violentos en nuestro país, como cuando el presidente Trump vinculó la inmigración a bandas violentas, asesinato y terrorismo en su primer discurso sobre el Estado de la Unión.[121] Ese lenguaje anima a los norteamericanos a ver a los inmigrantes como un peligro para nuestra seguridad. Sin embargo, las estadísticas de criminalidad presentan un panorama diferente. Los estudios demuestran que en realidad los inmigrantes cometen menos crímenes que los nativos norteamericanos.[122] En mayo de 2019, el Marshall Project dio a conocer un análisis que comparaba los datos de criminalidad del FBI con las estimaciones de población indocumentada de los últimos

---

121 Weishnar, S. (2018) Debunking the Myth: Immigrants and Crime (Derribando el mito: inmigrantes y crimen) *Jesuit Social Research Institute*. Recuperado el 30 de septiembre de 2019 de: http://www.loyno.edu/jsri/debunking-myth-immigrants-and-crime

122 Flagg, A. (13 de mayo, 2019) Is There a Connection Between Undocumented Immigrants and Crime? (¿Existe relación entre inmigrantes indocumentados y criminalidad?) *The Marshall Project*. Recuperado el 30 de septiembre de 2019 de: https://www.themarshallproject.org/2019/05/13/is-there-a-connection-between-undocumented-immigrants-and-crime

diez años del Pew Research Center.[123] Los resultados de este análisis demostraron que no existe relación entre el crimen y el aumento de poblaciones locales indocumentadas. «En la gran mayoría de zonas estudiadas se observa una disminución de delitos violentos y contra la propiedad entre 2007 y 2016, que coincide con la disminución de la criminalidad en los Estados Unidos en un cuarto de siglo» escribe Anna Flagg para el Proyecto Marshall.[124]«El estudio probó que la criminalidad bajó a un ritmo similar independientemente de que la población indocumentada creciera o disminuyera. Zonas con más inmigración no autorizada parecían tener *mayores* descensos de tasas de criminalidad, aunque la diferencia era pequeña y dudosa».[125] Este estudio indica que no tenemos motivos para temer más a los inmigrantes que a los nacidos en Estados Unidos. Podrían incluso cometer menos delitos que los ciudadanos norteamericanos.

Otro mito sobre los inmigrantes que debe ser derribado tiene que ver con la idea de que nos perjudicarán porque nos quitarán el trabajo. Mientras los grupos antiinmigración se centran en el miedo a que los inmigrantes nos quiten trabajos y recursos,[126]los estudios demuestran que, en realidad, necesitamos más inmigrantes, no menos, para asegurar la salud de la economía en el futuro. Economistas del Wharton Business School, considerada la mejor escuela de negocios de Estados Unidos, sugieren que el incremento de la inmigración es la respuesta a los problemas económicos con que nos estamos

123 Bauer, M. (17 de mayo, 2019) Trump is Lying About Immigrant Crime –and the Research Proves It. (Trump miente sobre la criminalidad migratoria y el Research Center lo demuestra) *Southern Poverty Law Center*. Recuperado el 30 de septiembre de 2019 de: (https://www.splcenter.org/news/2019/05/17/ trump-lying-about-immigrant-crime-and-research-proves-it

124 Flagg, A. Ibid.

125 Flagg, A. (13 de mayo, 2019) Is There a Connection Between Undocumented Immigrants and Crime? (¿Existe relación entre inmigrantes indocumentados y criminalidad?) *The Marshall Project*. Recuperado el 30 de septiembre de 2019 de: https://www.themarshallproject.org/2019/05/13/ is-there-a-connection-between-undocumented-immigrants-and-crime

126 Boak, J. (8 de febrero, 2019) AP Fact Check: Trump Plays on Immigration Myths. (Trump juega con los mitos sobre inmigración). *PBS News Hour*. Recuperado el 30 de septiembre de 2019 de: https://www.pbs.org/newshour/politics/ ap-fact-check-trump-plays-on-immigration-myths

encontrando debido a los cambios demográficos del país.[127] Los nacidos durante el boom de la natalidad se están jubilando mientras que nuestra tasa de fertilidad (la media de hijos nacidos en familias norteamericanas) está bajando.[128]Sin un aumento en el número de inmigrantes, perderemos productividad, lo que pondrá en peligro nuestro PIB, el crecimiento de empleo y el fondo fiduciario de la Seguridad Social.[129] «En términos relativos comparados con otros países, si nos preocupa nuestro trato relativo a China, por ejemplo, la inmigración será una parte importante para mantener esa posición», afirmó Alexander Arnon, analista sénior del Modelo Presupuestario de Penn Wharton (PWBM, por sus siglas en inglés).[130] Destaca también que, en varias simulaciones económicas que tuvieron en cuenta una gran variedad de reformas migratorias potenciales, «el mayor impacto positivo sobre el empleo y el PIB provendría del aumento del flujo de inmigrantes».[131] En otras palabras, no importa de dónde sean los inmigrantes; los necesitamos. No mantendremos nuestra posición de poder en el mundo sin la afluencia de inmigrantes.

Existe un factor psicológico tras nuestras ideas políticas. Estudios empíricos recientes arrojaron más luz sobre por qué muchos conservadores que defienden ideologías contrarias a la inmigración, tienden a ver a los inmigrantes como una amenaza para su círculo de allegados. Los investigadores han descubierto que de hecho existe una base biológica para el conservadurismo frente al liberalismo.[132]

---

127 Wharton, Universidad de Pensilvania (10 de septiembre, 2019) Could Increased Immigration Improve the U.S. Economy? (¿Podría el aumento migratorio mejorar la economía de Estados Unidos?) Knowledge@Wharton. Recuperado el 30 de septiembre de 2019 de: https://penntoday.upenn.edu/news/could-increased-immigration-improve-us-economy

128 Ibid.

129 Ibid.

130 Ibid.

131 Ibid.

132 Brueck, H. (19 de abril, 2018) These Key Psychological Differences Could Determine Whether You´re Liberal or Conservative. (Estas claves psicológicas pueden determinar si eres liberal o conservador). *Business Insider*. Recuperado el 30 de septiembre de 2019 de:
https://www.businessinsider.com/psychological-differences-between-conservatives-and-liberals-2018-2?IR=T

Dicho de otro modo, el cerebro y el cuerpo de los conservadores son diferentes de los de los liberales. Lo que vemos en el mundo y en los demás es diferente porque somos diferentes. Un estudio de 2008 de la revista *Science* reveló datos que demostraban que los conservadores experimentan reacciones fisiológicas más fuertes y más ansiedad en presencia de ruidos repentinos e imágenes visuales amenazantes.[133] En el estudio, los que tenían reacciones corporales más fuertes ante las amenazas apoyaban políticas que los hicieran sentir más seguros. Entonces tiene sentido que los que se alinean con políticas conservadoras como una legislación migratoria más estricta sean, por lo general, más susceptibles a sesgos relacionados con la amenaza o el miedo a los extraños que amenazan a su círculo interno.

Literalmente, vemos, sentimos y experimentamos las cosas de manera diferente. Este hecho ayuda a explicar la desconexión entre conservadores, que sienten una necesidad real de proteger a sus familias de los peligros de los inmigrantes, y liberales, que los perciben simplemente como otros seres humanos necesitados de ayuda. Por eso tenemos que cambiar el discurso. En lugar de intentar de convencernos unos a otros de que los inmigrantes o nos restarán trabajos y seguridad, o son solo personas a las que debemos hospitalidad y cariño, tenemos que encontrar un punto de conexión y acuerdo en nuestro diálogo. Creo que podemos encontrar ese punto de encuentro en un diálogo sobre el futuro económico de nuestro país y el legado que vamos a dejar a nuestros hijos.

No solo necesitamos más inmigrantes para que nos ayuden con nuestro problema demográfico, sino que también tenemos que arreglar nuestro sistema migratorio y hacerlo más eficaz en la tramitación del proceso de inmigración para que puedan contribuir de forma más productiva y rápida a la economía. Un problema que ha acosado a los tribunales de inmigración durante

---

133 Oxley, DR., Smith, KB., y otros. (19 de septiembre, 2018). Political Attitudes Vary with Physiological Traits (Las actitudes políticas cambian según los rasgos psicológicos) *Science*. Recuperado el 30 de septiembre de 2019 de: https://science.sciencemag.org/content/321/5896/1667

años es la falta de personal y recursos adecuados para manejar el volumen de casos que deben ser atendidos por los jueces de inmigración. Existe un gran número de casos pendientes que deben ser procesados por los tribunales de inmigración, y esos números siguen aumentando según TRAC Immigration, un centro de datos apolítico y sin ánimo de lucro afiliado al Newhouse School of Public Communications y el Whitman School of Management, ambos de la universidad de Syracuse. TRAC refiere que, en mayo de 2018, hubo un total sin precedentes de 714.067 casos a la espera de comparecer ante un juez de inmigración; los casos pendientes han crecido casi un tercio (32 %) desde que Trump tomó posesión. Las decisiones de asilo en 2018 tardaron una media de 1.064 días (con una subida del 17 % desde el año pasado).[134] ¿Por qué los solicitantes de asilo tienen que esperar más de tres años por una decisión? Esta incompetencia no solo causa estrés y ansiedad a los solicitantes, que probablemente se esfuerzan para construir una vida en el limbo, sino que también frena la productividad económica de los individuos que no saben cuánto tiempo van a estar aquí. Además, para aquellos que perciben una amenaza en los inmigrantes, un sistema que permitiera tomar decisiones rápidas respecto al permiso para quedarse en el país a inmigrantes y solicitantes de asilo les haría sentirse más seguros.

Evidentemente, el tiempo que se tarda en los trámites de inmigración presenta grandes problemas. Tenemos que invertir en nuestros tribunales y oficiales de inmigración, contratar a más personas para que se ocupen de los casos que se han retrasado y así poder ocuparnos de los nuevos casos de forma inmediata, en cuanto se presentan.

La administración Trump ha hecho un movimiento novedoso que

---

134 (8 de junio,2018). Immigration Court Backlog Jumps While Case Processing Slows. (Los casos de inmigración pendientes aumentan mientras el proceso de casos se ralentiza). TRAC Immigration. Recuperado el 30 de septiembre de 2019 de: https://trac.syr.edu/immigration/reports/516

podría ayudarnos con el problema de los retrasos.[135] Han instalado en la frontera unos «tribunales en carpas» que permiten tomar decisiones sobre deportaciones y asilo antes de que los solicitantes lleguen a poner los pies en este país. En Laredo, Brownsville y el Valle de Rio Grande (Texas) y en Yuma (Arizona) estos tribunales en tiendas de campaña celebran vistas por medio de vídeo conferencias.[136] Los jueces de inmigración pueden quedarse en sus salas en otras partes de Estados Unidos, asistir a las vistas de forma remota, y los abogados que han accedido a representar a los inmigrantes pueden asistir a esas vistas presencialmente.[137] Estos tribunales en carpas mejoran la eficacia del sistema migratorio ya que se aumentan los recursos para los tribunales de inmigración y facilitan a los migrantes el contacto con los jueces.

Sin embargo, a día de hoy hay un problema mayor asociado a las normas de estos tribunales. Mientras que en los procesos tradicionales los abogados externos y los medios de comunicación pueden presenciar los procesos de forma rutinaria, este no es el caso en las carpas.[138] El hecho de que los tribunales en las carpas estén envueltos en el secretismo hace que surjan preguntas importantes. Aunque los jueces de inmigración en los juicios tradicionales tienen el derecho a concluir una vista por cuestiones de confidencialidad, las normas del Departamento de Justicia de Estados Unidos establecen que las vistas en los tribunales de inmigración por norma general deben ser públicas.[139] Por tanto, ¿por qué los tribunales en las carpas deberían

135 Shaw, A. (18 de septiembre, 2019). Inside Trump's Immigration Tent Courts: Controversial System Meant to Fast-Track Asylum Backlog. (Dentro de los tribunales de carpa de Trump: Un sistema controversial existe para agilizar los casos de asilo.) *Fox News Channel*. Recuperado el 30 de septiembre de 2019 de: https://www.foxnews.com/politics/inside-trumps-immigration-tent-courts-asylum-backlog

136 Ibid.

137 Ibid.

138 Flores, A. (11 de septiembre, 2019). The Trump Administration Opened Secretive Tent Courts at the Border. (La administracion de Trump abrio tribunales de carpas secretos en la frontera.) The Public Is Not Allowed Inside. *Buzzfeed News*. Recuperado el 30 de septiembre de 2019 de: https://www.buzzfeednews.com/article/adolfoflores/tent-court-hearings-asylum-seekers-public-denied-access

139 Ibid.

seguir reglas distintas a las de los tribunales habituales? Cuesta entender los motivos tras esta decisión. ¿Tendrán los migrantes y solicitantes de asilo procesos justos? ¿Se vulnerarán sus derechos? ¿Hay razones para preocuparnos por la forma en que los tratarán? Estas vistas en las carpas deberían estar abiertas al público como lo están las tradicionales para que podamos dar una respuesta satisfactoria a estas preguntas.

Cuando se iniciaron las vistas en las carpas en agosto de 2019, a los abogados se les prohibió entrar como observadores de los procesos.[140] En Laredo, Texas, se le denegó la entrada a Ashley Huebner, abogado del National Immigrant Justice Center. En un artículo de Fox News, declaró que los abogados no intentaban ir a los juicios en las carpas para buscar clientes, sino que ella y otros querían asegurarse de que los inmigrantes eran tratados de modo justo.[141] También señaló que la actual política de carpas cerradas elimina la posibilidad de que los tribunales rindan cuentas o que se estén garantizando los derechos procesales. Kennji Kizuka, abogado de Human Rights First, compartió preocupaciones similares sobre las garantías procesales. Kizuka afirmó que «[esta política] es solo otro intento de esconder las deficiencias del actual procedimiento de asilo, procedimiento creado para impedir que los refugiados estén seguros en Estados Unidos».[142]

Si cambia la naturaleza opaca de los juicios de las carpas y se permite la asistencia de observadores externos a los procesos, tal vez este nuevo tipo de tribunal de inmigración podría ser de mucha utilidad para tener un sistema más eficiente. Existe la posibilidad de que las carpas se abran al público en el futuro.[143] Esperamos que este cambio se produzca para que los derechos de los inmigrantes sean

---

140 Ibid.

141 Ibid.

142 Ibid.

143 Suarez Sang, L. (13 de septiembre, 2019). 'Tent courts' set up at border towns to ease strain on immigration cases. (Tribunales en carpas en las ciudades fronterizas para aliviar la presión de casos de inmigración). *Fox News*. Recuperado el 30 de septiembre de 2019 de: https://www.foxnews.com/us/text-court-immigration-border-texas

respetados.

No obstante, el secretismo de estos tribunales en carpas emite una señal de alarma que exige nuestra atención. ¿Por qué el gobierno gana derechos de privacidad mientras los individuos pierden los suyos? Las cuentas personales en redes sociales en las que los individuos exponen sus ideas y creencias se han convertido en una fuente de pruebas para permitir que un individuo pueda mudarse o no a este país.[144] Mientras que existe un sólido argumento sobre la seguridad a favor del acceso a sus redes sociales para investigar a los inmigrantes, también debemos avanzar con cautela y con los ojos bien abiertos. Hay en juego cuestiones de libertad de expresión y de privacidad. Si estamos dispuestos a eliminar el derecho de los inmigrantes a la protección de datos y la libre expresión, entonces tenemos que entender que damos vía libre a que los derechos a la privacidad y libre expresión de los ciudadanos norteamericanos también puedan desaparecer. Claro que las redes sociales se están usando para condenar a los sujetos por diferentes delitos y para predecir futuros crímenes.[145]De nuevo, debemos estar alertos a la evolución en lo que se refiere a la privacidad individual frente al sistema público (tribunales en carpas) para no permitir que nuestros derechos y libertades se vean mermados por un gobierno que parece estar reclamando acaparar más poder y asumir menos responsabilidades.

La falta de transparencia de los tribunales en carpas comparada con la transparencia de los tribunales tradicionales es prueba de la reestructuración de los derechos de privacidad. El secretismo en las carpas es una señal de peligro que nos advierte de que debemos prestar atención a lo que está ocurriendo en ellas y, en general, en nuestro gobierno.

Sabemos que nuestro presidente quiere un muro para evitar que

---

144 Kelly, H. (30 de agosto, 2012). Police Embrace Social Media as Crime-Fighting Tool. (La policía se aprovecha de redes sociales como herramienta para combatir el crimen) *CNN Business*. Recuperado el 30 de septiembre de 2019 de: https://edition.cnn.com/2012/08/30/tech/social-media/fighting-crime-social-media/index.html

145 Ibid.

solicitantes de asilo e inmigrantes indocumentados procedentes del sur desborden nuestro país. Si el objetivo es ser más eficaces y conseguir que haya menos inmigrantes legales, estamos ante una política corta de miras. Como se discute arriba, necesitamos más, no menos, inmigrantes legales que se establezcan en Estados Unidos si queremos mantener nuestra posición de poder en el mundo.

Por tanto, ponemos nuestras esperanzas en los tribunales en carpas y en un sistema migratorio cada vez más justo, imparcial respecto a los países de origen y más eficaz al procesar las solicitudes de un mayor número de inmigrantes. Los legisladores de inmigración que observen de forma sensata nuestros cambios demográficos y las implicaciones económicas asociadas podrían considerar necesario reevaluar las actuales restricciones migratorias para que nuestro país pueda seguir siendo económicamente fuerte y globalmente competitivo. En lugar de concentrar nuestro dinero y esfuerzos en mantener fuera a los inmigrantes, sería mucho mejor invertir en un sistema migratorio más eficaz, además de formación, educación y recursos que fomenten una mano de obra inmigrante productiva con la que construir una economía cada vez más fuerte. Una vez que abandonemos la creencia de que los inmigrantes son una amenaza, podremos verlos como aliados en el desarrollo de una economía beneficiosa para nosotros y nuestros descendientes.

En la situación actual, nuestra cultura del miedo a la inmigración, no al inmigrante en sí, es la verdadera amenaza para nuestro país. En palabras del presidente Franklin D. Roosevelt en su discurso de investidura de 1933, «De lo único que debemos tener miedo es del propio miedo».[146] Presidente durante la Gran Depresión, Roosevelt pronunció estas palabras para advertir al pueblo norteamericano que estaban empeorando una desastrosa situación económica al tomar decisiones como hostigar a los bancos y cerrar cuentas, provocadas por el pánico. De forma parecida, nuestro miedo a los inmigrantes solo está causando problemas. Si permitimos que nuestro sistema judicial pierda transparencia, de modo que no tenga que responder ante la

---

146 Roosevelt, F. D.

opinión pública o antes otras ramas del gobierno, entonces seremos cómplices de la destrucción del sueño de nuestros antepasados de tener una Unión perfecta.

También nos saboteamos a nosotros mismos con esta cultura del miedo cuando nos privamos de alianzas económicas y oportunidades con nuestros vecinos internacionales del sur. Al aferrarnos demasiado a lo que es «nuestro» –nuestros trabajos, nuestro dinero, nuestros intereses– en lugar de invitar a individuos y naciones de México y Sudamérica a asociarse y participar con nosotros en el crecimiento económico, perdemos la oportunidad de fortalecer nuestra nación y el total del hemisferio. Ellos tienen recursos y mano de obra que son valiosos para nosotros, y nosotros tenemos bienes y una posición de poder en el mundo de valor para ellos. Entonces, ¿por qué no podemos cooperar mejor? Si hacemos una visita a cualquier centro de preescolar o guardería en el país, veremos que damos valor a compartir y colaborar. O al menos eso es lo que le decimos a nuestros niños. Si seguimos nuestros propios consejos sobre la cooperación y el llevarse bien con los otros, empezaremos a construir relaciones mutuamente beneficiosas con nuestros vecinos.

Si aprendemos cómo podemos beneficiarnos de unas cuotas de inmigración menos restrictivas y unas alianzas económicas más inclusivas, veremos que los problemas a los que hemos temido tanto, se resolverán por sí solos. Tomemos el ejemplo del tráfico de drogas. Una buena cantidad de personas inteligentes recurre al contrabando porque no encuentran otros medios de crecimiento económico. Si se les dan oportunidades legales para innovar y crear, esas mismas personas podrían tener éxito y crear riquezas y oportunidades para ellos y para nuestros propios ciudadanos. Por culpa de nuestro miedo, privamos de la oportunidad de construir una vida mejor a personas sin recursos económicos. Al cortar estas posibilidades, sin querer los empujamos a empresas dañinas para nosotros, como el narcotráfico. Es la profecía autocumplida. Les tememos, así que los dejamos fuera de nuestro país, nuestros negocios y nuestras oportunidades. Y al hacerlo, les ocasionamos sufrimiento. Luego, cuando se aferran a las únicas oportunidades económicas prometedoras a su alcance, como el contrabando de drogas o armas, es probable que terminen suministrando sus peligrosas mercancías a nuestros hijos. Con este sistema nos hacemos daño.

Es hora de acallar nuestra cultura del miedo. Es hora de quitarnos nuestras anteojeras y ver nuestro papel en el «temible» problema de la inmigración. Es hora de abrir nuestras mentes y corazones a algo mejor, mayor que nosotros.

Debemos invertir en nuestra familia americana –un árbol genealógico con raíces y ramas que se extienden desde lo más alto de América del Norte a lo más profundo de América del Sur. Es hora de reunirnos en nuestra cocina metafórica, de compartir recursos y trabajo para elaborar una comida sagrada, los tamales, juntos, justo como lo han estado haciendo las familias extensas y los vecinos; compartiendo el trabajo para hacer tamales y disfrutarlos durante incontables generaciones. A esta cocina, traeremos nuestras habilidades e ingredientes (recursos). Juntos encontraremos un lugar en la cocina desde donde poder ser de utilidad para la comida, como miembros de una familia que cocinan juntos. Encontraremos nuestro propio ritmo en la cocina. Aprenderemos unos de otros. Tendremos acceso a especias y técnicas que no conocíamos. Y cuando esté todo listo, lo celebraremos juntos. Como hermanos y hermanas de América del Norte, Central y del Sur, disfrutaremos de nuestro banquete. Si aprendemos a vernos como esta familia americana, y si aprendemos a abordar la política migratoria con sabiduría, coraje y generosidad en el corazón, entonces seguro que recibiremos tanto como damos.

# Sobre la autora

MARGARET DONNELLY PRESENTA su quinto libro en el que disminuye las culpas de todos los responsables del «descompuesto» sistema migratorio de los Estados Unidos de América. En cada uno de sus libros ha tratado muchos temas históricos y humanitarios, y en *Trump, tamales y la familia americana* defiende la unidad de nuestra familia americana continental.

En reconocimiento a su labor comunitaria con los pueblos indígenas de las Américas, fue nominada, en 2004, para el premio de la Fundación Right Livelihood de Suecia, conocido como el premio Nobel de la Paz alternativo. En 2007, recibió el Premio al Servicio Comunitario de la Liga de Ciudadanos Latinoamericanos (LULAC) de los Estados Unidos. Su segunda novela, *El canto de los gallos de oro*, recibió una Mención Honorífica como Mejor Novela Histórica en 2007 en el Premio International del Libro Latino, en la Book Expo de Nueva York. Es conferenciante y ha sido entrevistada recientemente por distintas cadenas de televisión como Milenio o el canal de la Cámara de Representantes de México en Ciudad de México.

Margaret Donnelly obtuvo el Doctorado en Jurisprudencia en 1976 y la Licenciatura en Estudios Latinoamericanos, en la Universidad de Texas, en Austin en 1971. Debido a su prestigio como líder en servicios a la comunidad, fue nombrada miembro de la Ethics Advisory Comission de la ciudad de Dallas a la que perteneció de 2002 a 2006. Durante años escribió la columna "Lo último sobre inmigración" en *La Estrella/The Fort Worth Star Telegram*, en la que informó a la comunidad del norte de Texas de las novedades relativas a las leyes migratorias en Estados Unidos. Su obra literaria consta de cuatro novelas históricas sobre temas de importancia para las Américas. En su cuarta novela, *El corazón de Bolívar*, se basa la premiada película del mismo título sobre el tráfico de personas.

# Sobre el libro

*Trump, tamales y al familia americana* presenta una visión equilibrada de las verdaderas razones por la que tenemos un sistema migratorio deficiente. Tenemos ya 11 millones de extranjeros indocumentados en los Estados Unidos, de modo que ¿cuáles son los pasos a seguir para resolver el problema? ¿Qué podemos hacer para lidiar con los retos que alimentan el tráfico de drogas y de personas desde América Central y América del Sur? ¿Cómo podemos reducir el 50 % de la mano de obra indocumentada que trabaja en la agricultura en Estados Unidos?

La autora propone que es hora de acabar con nuestra cultura del miedo, que deberíamos seguir el ejemplo de la *Gran Generación* (*Greatest Generation*) que se trasladó hacia y desde otros países y levantó economías, exportando paz y prosperidad por el mundo. Además, la autora sugiere que deberíamos invertir en nuestra familia americana –un árbol genealógico que tiene raíces y ramas que se extienden desde Norteamérica hasta Sudamérica. Es hora de reunirnos en una cocina metafórica, compartir recursos y trabajo para cocinar juntos un plato sagrado, los tamales, del mismo modo en que lo han hecho las familias extensas de las Américas desde hace 10.000 años.

Invitamos al presidente Donald J. Trump –el Gran Negociador– a esta mesa para recordarle que nos puede ayudar más allá de un muro fronterizo hacia una gran transformación para las Américas.

# MARGARET DONNELLY

## Trump, Tamales and the American Family

Trump, Tamales and the American Family offers a balanced view of the real reasons why we have a broken immigration system. The author leads readers on a global tour through heart-warming and heart-breaking stories that explain why we are where we are today with immigration policy. She goes on to propose common sense, compassionate, yet practical solutions to problems including: the undocumented status of 11 million immigrants in the United States, the drug and human trafficking trade from Central and South America, and the agricultural industry's dependence on labor provided by undocumented workers (50% of U.S. farm laborers are undocumented). The author proposes that it's time to smash our culture of fear, urging us to follow the example of our World War II Greatest Generation who moved to and from countries, building strong economies and exporting peace and prosperity throughout the world. In addition, the author suggests that we should invest in our American family, a family tree with roots and branches that stretch all the way from the top of North America to the bottom of South America. She invites North and South Americans to join one another in a metaphorical kitchen, sharing resources and labor to create a sacred meal, tamales, together, just as extended families of the Americas have been doing for 10,000 years. President Donald J. Trump—the Great Negotiator—is invited to this dinner table to remind him that he can help us move beyond a border wall towards a great transformation of the Americas.